# Orixá Exu
## Fundamentação do Mistério Exu na Umbanda

Rubens Saraceni

# Orixá Exu
## Fundamentação do Mistério Exu na Umbanda

© 2024, Madras Editora Ltda.

Editor:
Wagner Veneziani Costa (in memoriam)

Produção e Capa:
Equipe Técnica Madras

Revisão:
Arlete Genari
Maria Cristina Scomparini
Bianca Rocha

**Dados Internacionais de Catalogação na Publicação (CIP)**
**(Câmara Brasileira do Livro, SP, Brasil)**

Saraceni, Rubens
Orixá Exu: fundamentação do mistério: Exu na umbanda
Rubens Saraceni. – São Paulo: Madras, 2024.

ISBN 978-85-370-0368-8

1. Exu 2. Mistério 3. Umbanda (Culto) I. Título.
08-05223 CDD-299.67

Índices para catálogo sistemático:
1. Exu : Teologia de Umbanda : Religiões de origem africana 299.67

Proibida a reprodução total ou parcial desta obra, de qualquer forma ou por qualquer meio eletrônico, mecânico, inclusive por meio de processos xerográficos, incluindo ainda o uso da internet, sem a permissão expressa da Madras Editora, na pessoa de seu editor (Lei nº 9.610, de 19/2/1998).

Todos os direitos desta edição reservados pela

MADRAS EDITORA LTDA.
Rua Paulo Gonçalves, 88 – Santana
CEP: 02403-020 – São Paulo/SP
Tel.: (11) 2281-5555 – (11) 98128-7754
www.madras.com.br

# Índice

Prefácio .................................................................................... 7
Apresentação ......................................................................... 11
Introdução .............................................................................. 13

**Capítulo 1**
O Divino Criador Olorum ..................................................... 17

**Capítulo 2**
O Estado Original .................................................................. 23

**Capítulo 3**
As Três Primeiras Regências da Criação .............................. 27

**Capítulo 4**
A Origem Divina de Exu ....................................................... 31
Exu, o Primogênito ................................................................ 31

**Capítulo 5**
Exu, o Guardião do Mistério Oxalá ...................................... 39

**Capítulo 6**
O Início da Criação Exterior ................................................. 51

**Capítulo 7**
Definindo o Orixá Exu .......................................................... 55

**Capítulo 8**
Exu na Umbanda ................................................................... 65

**Capítulo 9**
A Onipresença do Orixá Exu ................................................ 71

**Capítulo 10**
Exu, o Guardião do Lado Negativo da Criação .................... 83

**Capítulo 11**
Os Seres Naturais Exunizados .................................................. 91

**Capítulo 12**
Espíritos Exunizados ................................................................. 97

**Capítulo 13**
As Linhas de Trabalhos Espirituais de Exu ............................ 103

**Capítulo 14**
Os Exus nas Irradiações Divinas ............................................. 107

**Capítulo 15**
Os Exus Sete ............................................................................. 113

**Capítulo 16**
Como Exu Atua ........................................................................ 117

**Capítulo 17**
O Vazio Absoluto ..................................................................... 123

**Capítulo 18**
O Polo Neutro de Exu .............................................................. 131

**Capítulo 19**
Exu e Seus Muitos Campos de Ação ...................................... 135

**Capítulo 20**
Exu e os Mistérios Divinos ...................................................... 139

**Capítulo 21**
As Hierarquias de Exu na Umbanda ....................................... 145

**Capítulo 22**
O que São Dimensões ou Realidades? .................................... 153

**Capítulo 23**
A Dimensão de Exu .................................................................. 157

**Capítulo 24**
Por que Assentar o Exu Guardião? .......................................... 161

Conclusão ................................................................................. 165

# Prefácio

Em 1995 tive a oportunidade de ler algo novo para a Religião de Umbanda, uma obra psicografada, *O Cavaleiro da Estrela Guia*. A identificação foi tamanha que procurei os outros títulos do autor Rubens Saraceni. Então, me chegou às mãos o título *O Guardião da Meia Noite*, um romance que em poucas palavras, de uma forma agradável e envolvente, nos esclarece sobre quem são as entidades que se apresentam como Exu na Umbanda, que são Guardiões e protetores da Religião e de seus adeptos. A publicação deste livro é um marco dentro da literatura umbandista, não apenas por ter aberto para a religião o campo da obra psicografada, até então pouco ou quase nada aproveitado, mas por trazer para o adepto o esclarecimento necessário e a segurança para trabalhar com seu "Guardião de Lei" na Umbanda, e para o não adepto, a desmistificação da entidade Exu. Logo, *O Guardião da Meia Noite* se tornou a obra mais lida da literatura umbandista.

Rubens Saraceni não parou mais, publicou toda uma série de livros sobre os Guardiões da Umbanda (*Os Guardiões da Lei Divina, O Guardião da Sétima Passagem, Guardião das Sete Encruzilhadas, O Guardião da Pedra de Fogo, O Guardião das Sete Cruzes, O Guardião do Fogo Divino, O Guardião dos Caminhos. Os Guardiões dos Sete Portais e Guardião Sete*) livros que mostram toda uma realidade vivida por estas entidades na Umbanda e no astral.

Em 1996, mais uma vez inovando, Rubens Saraceni criou um curso livre chamado "Teologia de Umbanda Sagrada", no qual todo um conhecimento sobre o Orixá Exu começou a ser apresentado. Aprendemos que, assim como Deus tem nomes diferentes nas diversas culturas, divindades assumem nomes e formas diferentes. O que se mantém é a essência de cada uma, facilmente identificada por suas qualidades. Assim, Exu é identificado em outras culturas como Elegbará (gêge), Aluvaiá (banto), Bes e Min (egípcia), Pã e Hermes (grega), Savitri e Shiva (hindu), Kanamara Matsuri (japonesa), entre outros.

Também nessa época, uma das apostilas deste curso, foi organizada e publicada com o nome de *Livro de Exu: O Mistério Revelado*, no qual é apresentada a relação do médium com seu Exu de Trabalho, Exu Guardião e Exu Natural. O Orixá Exu se revela como o Trono da Vitalidade.

Quando pensamos que muito já havia sido revelado, então o autor, ou melhor, o revelador, nos traz mais uma revelação: a questão dos "fatores" de Deus. Cada fator corresponde a uma ação na criação, cada ação, a um verbo e a uma Divindade, Orixá, correspondente. Em duas obras, *Tratado Geral de Umbanda* e *Lendas da Criação*, foram apresentados os "Fatores dos Orixás". Nelas aparecem os fatores de Exu, ou seja, as ações que Exu desempenha na criação. Apenas para se ter ideia do que estamos falando, cito os fatores de Exu com a letra A: Abacinador, Abafador, Abirritoador, Achador, Acontecedor, Acornador, Acunheador, Adiantador, Agarrador, Agostador, Alabirintador, Aluidor, Amontoador, Anavalhador, Antevedor, Apagador, Apartador, Apavorador, Apimentador, Apresador, Argolador, Arpoador, Arranjador, Arrastador, Arrepiador, Arruinador, Assustador, Atalhador, Atinador, Atrofiador e Avisador.

Em *Lendas da Criação* aparece um trio que "rouba a cena" (Orixá Exu, Orixá Pombagira e Orixá Exu Mirim). Ficamos encantados com a presença de Exu Mirim, praticamente inexistente na literatura umbandista. Tempos depois, fomos surpreendidos com o livro *Orixá Exu Mirim*, que esclarece e fundamenta teologicamente o Mistério Exu Mirim na Umbanda.

E agora estamos aqui, com mais uma obra do amigo, irmão e Mestre Rubens Saraceni, sobre o Orixá Exu na Umbanda. Mito e lenda, revelação e esclarecimentos, ciência e religião, teologia e mitologia, tangível e intangível, tudo e nada, vazio e pleno. Quando o assunto é Exu, nos faltam palavras, no entanto agradecemos ao Orixá Exu por inspirar ao amigo Rubens, as palavras que nos faltam e o conhecimento que buscamos.

Que Orixá Exu nos abençoe,
Que Orixá Exu olhe por nós,
Que Orixá Exu nos proteja,
Laroyê, Exu, Exu Mojubá.
Parabéns, Rubens.

*Alexandre Cumino*

Sacerdote de Umbanda, presidente do Colégio de Umbanda Sagrada Pena Branca, ministrante dos cursos, livres, de Teologia de Umbanda Sagrada e Sacerdócio de Umbanda Sagrada, editor e colunista do Jornal de Umbanda Sagrada e estudante de Ciências da Religião nas Faculdades Integradas Claretianas.

# Apresentação

Este livro é um apanhado de comentários desenvolvidos durante as aulas da Magia Divina de Exu, um curso que "abriu" uma nova visão sobre o Orixá Exu.

Uma nova forma de abordar e comentar Exu facilitou-nos a compreensão de muitos dos aspectos dele, e muitas das afirmações correntes em nosso meio umbandista adquiriram sentido e agora nos permitem discuti-lo de uma maneira elevadíssima.

É claro que o que aqui comentaremos não profanará o que é sagrado, porque nossa intenção é outra: despertar a compreensão sobre um dos mais controvertidos e incompreendidos Orixás.

Exu tem sua forma de atuar na vida dos seres e, se não a aceitamos, é preciso que a conheçamos, que a entendamos e a ensinemos corretamente aos umbandistas.

Não será "fugindo ao debate" que nos livraremos do estigma de cultuadores de forças negativas. Só que há um problema: a falta de informações sobre o Orixá Exu dentro da Umbanda!

Ele não foi fundamentado, mas, sim, adaptado a partir do seu culto de origem nigeriana.

A adaptação do Orixá a partir dos manifestadores espirituais que incorporam nos médiuns umbandistas acabou por criar uma imagem negativa do Orixá Exu, porque ela foi sendo construída lentamente em cima de procedimentos humanos e/ou espirituais que acontecem durante as incorporações, procedimentos esses que, se são questionáveis porque acontecem em virtude da desinformação, no entanto não têm fundamento quando aprendemos um pouco sobre a essência do verdadeiro Orixá Exu.

Neste livro, esperamos tirar a máscara ocultadora de um dos mais fascinantes mistérios de Deus e, finalmente, dar-lhe uma feição divina aceitável por todos, até por quem não é umbandista.

# Introdução

Não poderemos comentar de forma correta o Orixá Exu sem antes criarmos toda uma base cosmogônica, teológica e teogônica dos sagrados Orixás.

Só com essa base construída é que o Mistério Exu "reassumirá" sua verdadeira importância na mente de todos os nossos leitores.

Mas, para construir essa "base discursiva", temos que criar um modelo de procedimentos para o Divino Criador Olorum, o senhor Deus!

Sabemos, estudando várias "gêneses", que cada religião construiu sua base discursiva fundamentada em Deus, mas só o fez após ter se expandido e conquistado muitos seguidores e adeptos de sua forma de conduzir a religiosidade.

Com a Umbanda não seria diferente das outras religiões.

Não pensem que o Velho Testamento, a Bíblia judaica, foi escrito no início do Judaísmo, porque não foi isso que aconteceu.

O Velho Testamento tomou corpo como tal a partir do século III a.C. e foi concluído no século I a.C. pelos sábios de Alexandria, no Egito, que concluíram um trabalho iniciado pelos sábios rabinos na Babilônia; sendo, então, dois dos principais centros comerciais e culturais desses séculos que antecederam o nascimento de Jesus.

E o mesmo aconteceu com o Cristianismo, que só formou um corpo religioso, de fato e organizado, depois de três séculos de existência.

Só após o concílio dos bispos, que se decidiu por alguns evangelhos e considerou apócrifos todos os outros que então circulavam, a religião cristã tomou corpo e conseguiu organizar-se e universalizarse por meio do Novo Testamento, que é a Bíblia cristã, seguida até hoje por todos os cristãos espalhados pelo mundo todo.

Porém, o Cristianismo, assim como o Islamismo, limitou-se a criar o seu livro santo ou sua bíblia, preferindo manter a gênese judaica como fonte cosmogônica, teogônica e teológica.

O Hinduísmo e outras grandes religiões, muitas já desaparecidas, também têm suas gêneses, e nenhuma é exatamente igual à outra, sendo que, em certos casos, algumas são antagônicas entre si.

Com a Umbanda acontece um fenômeno diferente de todas as outras religiões, porque ela nasceu em um país predominantemente cristão; está calcada na manifestação espiritual, na pajelança indígena brasileira, no culto africano aos Orixás e em procedimentos magístico-religiosos.

- O Cristianismo, já incutido na mente e no inconsciente coletivo, forneceu-nos sua ética e sua moral cristã.

- O Espiritismo forneceu-nos a incorporação controlada e organizada de espíritos.

- A Pajelança, ou religião indígena brasileira, forneceu-nos espíritos de pajés e feiticeiros, assim como os aguerridos caboclos, todos combatedores do baixo astral.

- Os Cultos de Nação (nigerianos, dahomeanos, angolanos, etc.) forneceram-nos suas divindades e dinâmica religiosa associadas às forças da natureza, assim como nos forneceram os ritos mágico-religiosos ofertatórios e sacrificiais.

- Quanto ao magismo religioso, este já era universal, e foi fácil e rapidamente instalado nas práticas umbandistas.

Tudo tem funcionado a contento e servido para conduzir a mediunidade de milhões de brasileiros auxiliando com suas práticas milhões de pessoas necessitadas.

Entretanto, como toda religião, após assumir feições próprias e conquistar um grande número de adeptos, a Umbanda precisa "organizar" uma base teológica própria, senão ficará eternamente dependente de conceitos fundamentadores alheios, adaptados quando se fizeram necessários, mas que, um século após sua fundação, já podem ser substituídos por uma teologia própria.

Assim foi com todas as religiões e assim será com a Umbanda. Não adianta os adeptos do caos gritarem e espernearem, pois, ainda que inconscientemente, a maioria dos umbandistas pede uma base sólida para a religião de Umbanda.

É uma necessidade intrínseca da Umbanda, e não será um pequeno grupo de adeptos do caos religioso que deterá a construção dessa base discursiva e teológica umbandista.

Nós demos início ao estudo teológico já em cima de conceitos umbandistas em 1996, quando criamos o nosso primeiro grupo de estudos, denominado Curso de Teologia Umbandista. E, de lá para cá, os grupos de estudos teológicos genuinamente umbandistas só têm crescido em virtude da sua grande aceitação em nosso meio mediúnico e religioso.

É claro que naquela época, em 1996, estávamos desencadeando algo que hoje, 12 anos depois, já não nos pertence mais e passou a ser da religião Umbanda.

Mas isso já estava previsto, porque, a cada grupo que se encerrava, recomendávamos que multiplicassem o que havíamos começado e muitos dedicaram parte do tempo disponível a formar novos grupos de estudo.

Em nossos grupos de estudos teológicos, estudávamos o Orixá Exu em um livro próprio intitulado *Livro de Exu*\* que, antes de ser publicado, era todo apostilado, assim como outros livros ainda inéditos também o eram.

Hoje, já passados 12 anos desde o primeiro grupo de estudos, finalmente tivemos autorização dos nossos mentores espirituais para publicarmos um livro com conceitos inéditos, abrangentes e genuinamente umbandista, que fundamenta com uma dialética própria o sagrado Orixá Exu.

Vamos à criação da nossa base discursiva!

---

\*N.E.: *Livro de Exu – O Mistério Revelado*, de Rubens Saraceni, Madras Editora.

# Capítulo 1

# O Divino Criador Olorum

Todos nós que acreditamos em Deus o temos como o nosso Divino Criador e criador de tudo e de todos.

E assim é de fato, tanto aqui no plano material conosco quanto no plano ou lado espiritual que, quanto mais elevada for a faixa vibratória, mais elevados e elaborados são os conceitos sobre o nosso Divino Criador.

O que sabemos sobre Deus aqui na Terra não é muito quando comparado com o que sabem sobre Ele os espíritos mais evoluídos, que nos transmitem conceitos tão elevados que, ouvindo-os, nos transportamos para dentro da divindade e nela nos sentimos plenos e completamente satisfeitos.

É de uma faixa vibratória elevadíssima que nos chegou esta base discursiva fundamentadora do nosso Divino Criador, de suas divindades e dos seus mistérios divinos, base essa que já estamos construindo há alguns anos por meio de vários livros, alguns já publicados e outros ainda não.

Aqui nos serviremos de uma base pensada para a religião umbandista a fim de que seus seguidores possam se servir dela para, a partir daí, desenvolver toda uma cosmogonia e uma teogonia ímpar e ajustada ao tempo em que vivemos, solidificando ainda mais a crença em Olorum e nos sagrados Orixás.

Nossa base é esta:

Deus-Olorum, o nosso Divino Criador, foi, é e sempre será a origem de tudo o que existe e de todos os seres, criaturas e espécies, porque Ele está na origem de tudo e de todos.

Inclusive, os sagrados Orixás tanto se originaram n'Ele como são Ele manifestado como mistérios, poderes, divindades e estados da criação.

Olorum, o nosso Divino Criador, antes de ser descrito como um ser ou um espírito, deve ser entendido e aceito como um mistério em Si mesmo, impossível de ser apreendido e descrito por nós, porque somos criação d'Ele e somos só uma das espécies, a humana, que Ele criou.

Reflitam nisso: Nós não sabemos como Ele nos criou, quando isso aconteceu nem por que Ele nos criou.

E o mesmo se aplica a todas as outras espécies ( aves, peixes, etc.) que "passam" pelo lado material e têm vida própria.

Ainda sabemos muito pouco sobre o Universo, mas cálculos astronômicos indicam existir mais de cem bilhões de constelações ou galáxias.

Se refletirmos bem sobre esse número, veremos nele parte da grandeza do nosso Divino Criador Olorum, porque nesta nossa curta passagem pela carne nunca poderemos conhecê-las senão através de fotos tiradas por meio de potentes telescópios.

A grandeza do nosso Divino Criador Olorum transcende nossa capacidade de pensá-Lo, e não adianta imaginá-Lo como um ser semelhante a nós.

Logo, Ele é o princípio criador-gerador Olorum, e ponto final!

Tentar dar um início à sua criação, podemos fazê-lo a partir de datas, tal como a de 15 bilhões de anos, mais ou menos, como datam algumas hipóteses já aventadas.

Mas alguém pode afirmar com toda convicção que foi há 15 bilhões de anos que a criação teve início?

Acreditamos que não, porque com o avanço da ciência e dos instrumentos, cada vez mais aperfeiçoados, a última palavra nesse assunto demorará muito ou nunca será dada.

Então, a nossa base tem que começar a partir de outro enfoque, que desenvolvemos parcialmente no livro de nossa autoria intitulado *Lendas da Criação,* no qual, por meio de diálogos e situações fictícias, usamos as lendas para dar um início à criação e as encerramos

---

*N.E.: Sugerimos a leitura de *Lendas da Criação – A Saga dos Orixás*, de Rubens Saraceni, Madras Editora.

no momento da "saída" dos Orixás, quando já encontraram Exu, deslocando-se no vazio então existente no "lado de fora" do Divino Criador Olorum, onde iriam construir Sua morada "exterior".

Retomando às *Lendas da Criação*, vemos isto:

O Divino Criador Olorum, em Seu lado interno, pensa tudo, e cada pensamento Seu imediatamente adquire existência em eu interior, existência esta que é gerada a partir dos seus mistérios criadores-geradores denominados matrizes geradoras.

O uso do nome "matrizes geradoras" é só um recurso literário, uma figura de linguagem para nomearmos o que em Olorum é indescritível.

Para cada coisa existente no lado de fora da criação há uma matriz geradora no lado de dentro ou no interior de Olorum.

Essas matrizes geradoras são mistérios de Olorum, e não temos como interpretá-los senão a partir das nossas limitações e com os nossos recursos humanos.

Então, como no interior ou lado de dentro da criação tudo é pensamento criador-gerador, podemos, finalmente, afirmar que Deus-Olorum é um "estado mental" que é pleno em si e é capaz de criar e gerar tudo o que pensa, porque é em si um mental pensador-criador-gerador.

Pensar Deus-Olorum como um "estado mental" pode até ser questionado como recurso literário, mas, se refletirem bem, chegarão à mesma conclusão, porque só entramos em verdadeira comunhão com Ele através do nosso mental e do nosso pensamento quando o mentalizamos durante nossas meditações.

Se direcionarmos nossa mente e nosso pensamento em outra direção, desfocando-O, outros recursos começam a ser usados por nós, tais como: os cinco sentidos do corpo biológico, a intuição, a imaginação, a percepção, a sensibilidade, a sensitividade, o raciocínio, a criatividade, etc.

Portanto, se só entramos em verdadeira comunhão com Deus-Olorum através da Sua mentalização por nós, isto só é possível porque em seu estado original ou inicial Ele se encontra no estado mental e só por meio do nosso pensamento, mentalizando-o firmemente, alcançamos o nosso estado mental e entramos em comunhão com Ele.

Esperamos ter conseguido expressar com palavras um dos mais elevados conceitos sobre o nosso Divino Criador Olorum.

Pois bem, como o estado original de Deus é mental, é pensador-criador-gerador, é algo que se encerra em si mesmo e só é alcançado por meio da "mentalização"; então, não podemos imaginar ou pensar Sua criação se não for através de "estados".

Como o "estado mental" é algo fechado em si mesmo, para exteriorizar-se, Ele se serve de outros estados e, como o estado original é interno, não havia mais nada além dele no início.

Então, podemos afirmar que, no início, só havia o estado mental original que encerrava tudo em si mesmo e que, fora desse estado, "nada" existia por si mesmo.

Logo, o "tudo" estava no interior de Deus, e nada estava fora dele.

Esse era o estado original da criação, e, quando Olorum pensou o "lado de fora" ou o mundo manifestado, pensou-o como intenção ou "intencionou-o".

Esse intencionamento só foi possível porque nada existia fora d'Ele, e, a partir dali, o nada foi "ocupado" por Suas intenções criadoras-geradoras.

Como criar algo no nada é impossível, então Olorum pensou o primeiro estado para a sua criação exterior.

Mas esse primeiro estado manifestado por Ele não podia conter nada em si mesmo, porque teria de acomodar dentro de si toda a criação posterior, toda ela regida pelos estados das "coisas".

Como o primeiro estado pensado, criado e gerado por Olorum foi a concretização de uma de suas intenções, Ele alterou o "estado do nada", criando o estado do vazio absoluto quando nada ainda existia em Seu exterior.

O vazio absoluto é um estado e difere do "nada" porque no estado mental original da criação (em Olorum) nada existia fora dele, inclusive o vazio absoluto.

Este, como Sua primeira intenção manifestada, tornou-se o primeiro estado da criação: o estado do vazio absoluto.

Então, o "nada" abrigou a primeira intenção concreta de Olorum, e surgiu o estado do vazio absoluto, dentro do qual "caberiam" todos os estados posteriores de Sua criação exterior.

Como um estado que nada tinha dentro de si, o vazio absoluto passou a existir no "exterior" de Olorum como Sua primeira intenção ou manifestação externa.

Como todos os Seus pensamentos eram criadores-geradores e adquiriam existência dentro de suas matrizes-geradoras, o estado do vazio foi gerado na matriz geradora do vazio.

E, como toda matriz, ao gerar um estado, gera uma divindade responsável e mantenedora desse estado, um Orixá foi gerado por ela como o responsável pelo primeiro estado da criação exterior assim que ele deixou de ser uma intenção de Olorum e tornou-se o estado do vazio absoluto, pronto para receber e acomodar dentro de si todos os estados posteriores da criação.

# Capítulo 2

# O Estado Original

No capítulo anterior, vimos que, antes do início da criação ou do mundo manifestado, só havia Deus, que encerrava tudo em Si, e que fora d'Ele não existia nada.

Vimos que, antes do início da criação, o tudo e o nada coexistiam como dois estados originais, pois em Deus estava tudo e fora d'Ele nada existia.

Vimos que, no início, antes de algo existir, as intenções criadoras foram manifestadas por Deus, e o "nada" deixou de ser a ausência de qualquer coisa e abrigou as intenções criadoras então vibradas por Ele.

O nada foi ocupado por todas as intenções de Deus, que começaram a ser emanadas pela Sua mente, fazendo com que se tornasse o plano original das intenções.

Com isso, deduzimos que algo, enquanto só intenção, ainda não é nada, mas traz em si uma potencialidade de, possivelmente, tornar-se algo ou concretizar-se como alguma coisa.

Entendemos esse plano original como o plano das ideias, em que tudo ainda não tem existência e só existe em estado potencial.

Na Física, há um estudo da energia em que o termo "potencial" é usado para denominar a energia que está armazenada.

Já a palavra potencial é empregada por nós quando nos referimos a propriedades e qualidades que existem, mas que ainda não se manifestaram; por exemplo: o potencial petrolífero brasileiro é muito grande, o potencial artístico dessa pessoa é muito grande, etc.

No dia a dia das pessoas, usa-se a palavra potencial para designar algo que ainda não aconteceu ou não se exteriorizou, mas que, em estado potencial, preexiste, seja em uma pessoa, em um objeto ou em um país.

"O Brasil tem um potencial energético hídrico muito grande."

Retornando ao estado original do "exterior" de Olorum, nada existia além de suas intenções, ou seja, tudo estava em estado potencial.

Esse "potencial" divino, para passar a ter existência, precisava que a criação tivesse um estado especial dentro do qual tudo pudesse existir, porque, como no plano do nada, nada existe além das intenções; então, nele nada poderia subsistir, inclusive o vazio absoluto que, se é vazio de tudo, no entanto traz em si o potencial de ser ocupado por qualquer coisa que tenha existência.

Assim, do "nada" surgiu o primeiro estado concreto da criação, que é o estado do vazio absoluto.

O vazio absoluto não contém nada dentro de si, mas é um estado em si mesmo, que tem existência porque pode ser ocupado por alguma coisa.

Assim, o estado original do exterior, antes inexistente, porque nele nada existe, deu lugar ao primeiro estado da criação, potencialmente capaz de receber em seu interior tudo o que não passava de intenções.

Já com o primeiro estado, que é o do vazio absoluto, criado, um segundo estado teria que ser criado, porque no vazio absoluto tudo o que fosse criado adquiriria sua propriedade e tornar-se-ia criação "vazia".

Então, Olorum pensou o segundo estado da Sua criação exterior e, do "nada", surgiu dentro do vazio o "espaço".

Como o vazio potencialmente podia comportar tudo, ele foi ocupado por "dentro" ou "de dentro para fora pelo espaço", que se expandiu ao infinito e continua a expandir-se até hoje porque é um estado que se abriu ou começou a existir dentro do vazio absoluto, onde nada que fosse criado subsistiria, uma vez que tudo assumiria sua qualidade de vazio e seria esvaziado ou também assumiria sua propriedade, tornando-se "criação vazia".

Com o estado do espaço criado, trazendo a capacidade de abrigar em si infinitas possibilidades criadoras, o exterior de Olorum estava pronto para que nele tivesse início a construção de Sua morada exterior, dentro da qual todas as Suas ideias se concretizariam, deixando de existirem só no plano das intenções.

   Nesse primeiro instante da criação, no exterior só havia o estado do vazio absoluto, capaz de abrigar em si qualquer coisa que pudesse ocupá-lo por dentro e subsistir sem ser imantado por sua propriedade e sem assumir sua qualidade de estado de vazio.

   E havia o estado do espaço infinito, em que por mais que Olorum criasse, nunca o esgotaria porque, assim que algo fosse criado dentro do espaço, esse se expandiria, abrindo espaço para que novas coisas pudessem ser criadas.

   Assim, do "nada", ou após ele, estavam o estado do vazio absoluto e o estado do espaço infinito.

   O nada e o espaço são os dois extremos da criação porque no primeiro nada existe e no segundo tudo passa a ter existência. E ambos estão "permeados" ou isolados entre si pelo vazio absoluto.

   A partir desse momento, a base da criação exterior estava construída e pronta para que, aí sim, todas as intenções manifestadas por Olorum deixassem de ser ideias em estado potencial e se tornassem coisas com existência ou "vida própria".

   Ali, naquele momento, todas as potenciais intenções criadoras de Olorum passaram a ter um meio no qual Seu potencial criador-gerador poderia ser exteriorizado integralmente, dando origem e existência a infinitas criações, e nunca seria tolhido ou limitado pela falta de espaço para abrigá-las, porque o espaço havia sido aberto dentro do vazio absoluto, que, também por ser um estado, poderia abrigar dentro de si qualquer coisa, inclusive o espaço infinito, que, justamente por ser infinito, é inesgotável em possibilidades.

   Potencialmente, o espaço infinito está apto a receber dentro de si tudo o que vier a ser criado por Olorum, inclusive outros estados posteriores.

   Até aqui, temos o plano das intenções, as quais, por ainda não terem sido concretizadas, pertencem ao estado original do "lado de fora" de Olorum, onde nada existia e tudo não passava de potenciais intenções.

Temos o vazio como primeiro estado "existencial" da criação, que é o do vazio absoluto.

E temos o espaço infinito tão cheio de potenciais que poderia abrigar em si todos os outros estados posteriores da criação.

O nada e o tudo são os opostos. Em um, nada existe, e, no outro, tudo passa a ter existência. E ambos foram "separados" pelo vazio absoluto, senão eles se anulariam.

O nada e o tudo só coexistem se separados pelo vazio absoluto.

Eis que temos aqui uma base sobre a qual a criação poderia ser concretizada.

# Capítulo 3

# As Três Primeiras Regências da Criação

Como afirmamos em um comentário anterior que o Divino Criador tem, para cada um dos seus pensamentos, uma matriz que o gera e lhe dá existência, vamos desenvolvê-lo aqui.

Sim, até onde conseguimos saber, descobrimos que Olorum pensa uma coisa e o Seu pensamento criador gera de si uma matriz que dará existência e sustentação ao que foi pensado por Ele.

Como a primeira manifestação exteriorizada por Olorum foram suas intenções, imediatamente surgiu dentro d'Ele uma matriz geradora das Suas intenções, que passou a exteriorizá-las porque todas as matrizes geradoras estão voltadas para "fora" d'Ele ou para o seu exterior.

Como ainda não existia nada fora d'Ele, porque tudo estava dentro e encerrado em si mesmo, no "nada" a matriz geradora de suas intenções abriu o plano das intenções, que, por serem só intenções, ainda não tinham real existência e eram só ideias em estado potencial.

O plano das intenções abriu-se no "nada" e tornou-o o plano das intenções. Então, a partir desse momento, o "nada" ficou cheio de intenções ou de potenciais ideias criadoras.

Como cada matriz geradora que se abre para o exterior de Olorum se torna o "meio" pelo qual flui o que ela gera, a matriz geradora das intenções divinas abriu-se para o lado de fora d'Ele e, no "nada", criou o plano das intenções.

E porque cada matriz geradora gera o meio pelo qual flui o que gera, também gera uma divindade que rege esse meio ou plano.

E a matriz geradora das intenções abriu-se e deu existência a uma divindade ou um Orixá que regeria o plano das intenções. Esse Orixá tem um nome desconhecido por nós, porque nunca foi revelado na teogonia nigeriana ou "nagô", mas, para simples identificação e seu posterior culto na Umbanda, recebeu o nome de Exu Mirim,* o Orixá que rege sobre o "nada", hoje em dia já bem cheio de intenções, tanto boas quanto más.

No estado original, passou a existir o plano das intenções, e a ter um Orixá também original, que hoje, na Umbanda, chamamos de Exu Mirim.

Então, até aqui temos isto:

- Estado original, com a inexistência de algo fora de Olorum.
- Matriz geradora e exteriorizadora das intenções de Olorum.
- Plano das intenções e sua divindade regente: o Orixá Exu Mirim! Esse Orixá rege tudo o que ainda está em estado potencial, desde Olorum até nós.

Tudo o que está em estado potencial se encontra nos seus domínios na criação divina. E tudo o que ainda está no plano das intenções está sujeito à sua aprovação ou não, uma vez que ele rege o plano das intenções.

Quanto ao estado do vazio, assim que Olorum o pensou, dentro d'Ele se abriu Sua matriz geradora do vazio absoluto, que, por ela se abrir para fora d'Ele, só encontrou o plano das intenções divinas já exteriorizado pela matriz geradora das intenções.

Esta segunda matriz geradora gerou o primeiro estado existencial da criação em si mesma, pois antes só havia intenções que por si mesmas inexistem e estão no domínio do nada ou da inexistência, e não passam de uma intenção. Tal como:

— Vou fazer uma viagem!

Essa exteriorização de um desejo não significa que a viagem exista, e sim que é apenas uma intenção.

Agora, afirmar isto:

---

*N.E.: Sugerimos a leitura de *Orixá Exu Mirim – Fundamentação do Mistério na Umbanda*, de Rubens Saraceni, Madras Editora.

— Sinto-me vazio!

Aí sim, temos um estado real que é o da ausência de algo.

Para se sentir vazia, uma pessoa deve estar sentindo a ausência de algo que a torna vazia. E esse vazio só deixará de existir se for ocupado por outra coisa ou por outro sentimento.

• No nada, como nada existe, nada é sentido.

• No vazio, como algo está faltando, então algo passa a ser sentido.

E a sua matriz geradora, como todas as outras matrizes, também gerou uma divindade para regê-lo.

Essa divindade, cujo nome já havia sido revelado entre os povos nagôs ou nigerianos atuais, recebeu o nome de Orixá Exu.

O Orixá Exu é a divindade de Olorum que rege o vazio, e sempre que alguém vibra o sentimento de vazio está nos domínios dele, o regente do estado do vazio absoluto.

Até aqui, temos isto:

a) Um estado que nada contém dentro de si mas que pode receber qualquer coisa, ainda que essa coisa venha a assumir sua propriedade e sua qualidade (de vazio), pensado por Olorum e gerado dentro de Sua matriz geradora do vazio, que o exteriorizou e criou com ele o primeiro estado existencial da criação exterior, o estado do vazio absoluto.

b) Uma divindade regente do estado do vazio absoluto que, por ter a qualidade do vazio, é capaz de esvaziar tudo o que entrar em seu domínio na criação externa do nosso Divino Criador Olorum, conhecido na Umbanda como Orixá Exu.

Então, Olorum pensou um estado que subsistisse no vazio e que dentro dele, diferente do nada ou oposto a ele, todos os Seus pensamentos passariam a existir e a individualizar-se. E nele tudo caberia porque, por ser o estado do espaço infinito, quanto mais coisas fossem criadas dentro dele mais ele se expandiria, porque seria infinito em si mesmo.

E esse pensamento de Olorum gerou de si sua matriz geradora, que, ao abrir-se para seu exterior, se abriu justamente dentro do primeiro estado existencial da criação, que era o do vazio absoluto, o único estado capaz de receber dentro de si o estado do espaço infinito.

Tal como as outras matrizes geradoras, a do espaço infinito gerou uma divindade para regê-lo, que na Umbanda conhecemos pelo seu nome nagô ou nigeriano, que é o Orixá Oxalá, o único que abriga tudo dentro do seu estado, inclusive os estados posteriores da criação.

Por abrigar toda a criação dentro do seu estado na criação, Oxalá simboliza o tudo, o oposto ao nada, e traz a plenitude, oposta ao vazio de Exu.

- Exu Mirim rege sobre as intenções.
- Exu rege sobre o vazio absoluto.
- Oxalá rege sobre o espaço infinito.
- Exu Mirim foi gerado na matriz geradora das intenções.
- Exu foi gerado na matriz geradora do vazio absoluto.
- Oxalá foi gerado na matriz geradora do espaço infinito.
- Exu Mirim reduz ao "nada" quem entra no seu domínio.
- Exu esvazia tudo o que entra no seu domínio na criação.
- Oxalá conduz à plenitude quem entra no seu domínio na criação.

Poderíamos continuar definindo esses três Orixás "assentados" na base da criação divina que criaram as condições necessárias para que então tivesse início a criação da "morada exterior" de Olorum.

# Capítulo 4

# A Origem Divina de Exu

## Exu, o Primogênito

Filosoficamente, discutir sobre o vazio ou o estado vazio é um exercício deveras difícil que tanto pode nos fornecer grandes respostas quanto nos deixar em um beco sem saída, diante de um enigma!

O vazio tanto pode ser a inexistência de qualquer coisa como pode indicar um estado.

Como ausência de alguma coisa, o vazio pode ser descrito como o espaço vago dentro de um recipiente, de uma garrafa, de uma caixa, de um ambiente.

Nesse caso, o vazio está contido dentro de algo que também podia estar cheio de alguma coisa líquida, sólida ou gasosa.

Agora, se analisarmos sob o ponto de vista psicológico, aí o vazio assume a condição de um "estado de espírito", e, se uma pessoa disser que se sente "vazia", ela está querendo dizer que seu íntimo (que é abstrato) está vazio, que não está vibrando nenhum sentimento, seja ele bom ou ruim.

Se disser que sua mente está vazia, está dizendo que sua capacidade de pensar e de criar esgotou-se.

Se disser que sua vida está vazia, está dizendo que ela se esgotou e que não tem um sentido definido que a anime a lutar por algo ou por alguém.

Esse "estado de vazio" se aplica a muitos aspectos da nossa vida e da criação, pois, teoricamente, no vasto Cosmos há um imenso e infinito vazio, só ocupado por uns poucos corpos celestes, muito distantes uns dos outros.

Do planeta Terra até o seu satélite natural, a Lua, não há nada que bloqueie o deslocamento de uma espaçonave.

Portanto, é um espaço vazio!

Mas isso só é verdade aos nossos olhos, porque, além do alcance da nossa visão, esse suposto vazio está totalmente ocupado por micropartículas subatômicas que o preenchem completamente, não existindo um único e milimétrico espaço vazio.

Então, o vazio é um estado que se mostra ocupado por outras coisas, ainda que invisíveis aos nossos olhos ou aos instrumentos de observação e análise.

A palavra "vazio" pode ser empregada para vários estados e ter vários significados, todos corretos sob um ponto de vista, mas não sob outros.

Agora, se falarmos em "vazio absoluto", aí significa que nada, absolutamente nada, existe ou está dentro dele.

Também, se imaginarmos que esse vazio é a ausência de tudo, chegamos ao início da criação, quando nada existia fora da mente criadora de Deus, além do vazio absoluto.

E, se prosseguirmos nesse raciocínio, chegaremos a um ponto em que primeiro Deus criou o vazio absoluto para, depois, começar a criar alguma coisa.

Nesse ponto inicial da criação, quando só havia o "vazio absoluto", é que encontramos a origem divina de Exu e do mistério que ele é em si: o Mistério do Vazio!

Sabemos que existe um mito e um arquétipo do Orixá Exu que vem servindo muito bem para o que se destinou, que é ser um balizador de procedimentos magístico-religiosos e de comportamentos morais.

Tanto o mito quanto o arquétipo foram herdados dos povos nagôs, os antigos habitantes da atual Nigéria e adjacências.

Esse mito e esse arquétipo têm sido fundamentais para o entendimento dos cultos antigos e dos atuais dos Orixás, em que cada um tem seu mito e seu arquétipo específicos que os identificam, que os caracterizam e os distinguem em meio a muitos outros.

Mesmo sabendo disso tudo, muito bem transmitido pela tradição oral e atualmente afixado em livros de autores e pesquisadores do fascinante Orixá Exu, ainda assim fica uma controvérsia sobre esse genuíno enigma da criação.

Muitos têm Exu como o primeiro Orixá gerado, que, por isso, tem a primazia no culto.

Essa primazia se justifica se entendermos a criação como um encadeamento de ações divinas destinadas à criação do Universo e dos meios para que os seres pudessem evoluir.

Nós aprendemos que dois corpos não ocupam o mesmo "espaço" e, a partir daí, deduzimos que, para haver o espaço, tinha que haver algo em outro estado que permitiu a criação de uma base estável para que, aí sim, tudo pudesse ser criado.

Esse estado é o de "vazio", pois, só não havendo nada dentro dele, algo poderia ser criado e concretizado, mas como outro estado.

Então, unindo o primeiro Orixá (Exu) e o primeiro estado da criação (o vazio absoluto), temos a fundamentação do Mistério Exu.

O Mistério Exu é em si o "vazio absoluto" existente no exterior de Deus e guarda-o em si, dando-lhe existência e sustentação para que, a partir desse estado, tudo o que é criado tenha seu lugar na criação.

Por ser Exu o guardião do vazio absoluto, e este ter sido o primeiro estado da criação manifestado por Deus, então Exu é, de fato, o primeiro Orixá manifestado por Ele.

Logo, Exu é o primeiro Orixá, o mais velho de todos, o primeiro a ser cultuado. Por ser e trazer em si o vazio absoluto, tem que ser invocado e oferendado em primeiro lugar e deve ser "despachado" de dentro do templo e firmado no seu exterior para que um culto possa ser realizado, pois, se assim não for feito, a presença de Exu dentro dele implica a ausência de todos os outros Orixás, já que seu estado é o do "vazio absoluto".

Porque junto com o Orixá Exu vem o vazio absoluto, os seus intérpretes religiosos deduziram corretamente que, nesse estado de vazio, não é possível fazermos nada.

Logo, o ato de invocar o Orixá Exu em primeiro lugar é correto, porque, antes de Olorum manifestar os outros Orixás, manifestou-o e criou o vazio absoluto à sua volta.

O ato de oferendá-lo antes dos outros Orixás está fundamentado nessa sua primazia, pois não se oferenda primeiro ao segundo Orixá manifestado, e sim ao primeiro.

O ato de despachá-lo para fora do templo fundamenta-se no fato de que, se ele está presente dentro do templo, com ele está o seu "vazio absoluto", no qual nada existe. Então, é preciso despachá-lo e assentá-lo no exterior do templo, para que outro estado se estabeleça e permita que tudo aconteça.

Avançando um pouco mais na interpretação das necessidades primordiais para que tudo pudesse ser "exteriorizado" por Deus, como no "vazio absoluto" (Exu) não havia como se sustentar alguma coisa, eis que, após esse primeiro estado da criação, Olorum manifestou o seu segundo estado: o "estado do espaço"!

- O vazio absoluto é a ausência de algo.
- O espaço é a presença de um estado.

Deus criou o espaço "em cima" do vazio absoluto.

Logo, se antes só havia o vazio absoluto, o espaço foi criado dentro dele, e, à medida que o espaço foi se ampliando, o vazio absoluto foi distendendo-se ao infinito para abrigá-lo e permitir-lhe ampliar-se cada vez mais, de acordo com as necessidades da mente criadora de Olorum.

Aqui, já entramos na genealogia (no nascimento) dos Orixás e em uma teogonia a partir dos estados da criação.

Esse segundo estado (o espaço) dentro do primeiro (o vazio absoluto) criou uma base que se amplia segundo as necessidades do Criador e começa a nos mostrar os Orixás como estados da criação, pois se Exu é o vazio absoluto, o Orixá que é em si o espaço se chama Oxalá.

Sim, Oxalá é o espaço infinito porque é capaz de conter todas as criações da mente divina do nosso Divino Criador.

Porém, o que nos levou à conclusão de que Oxalá é em si o mistério do "espaço infinito"? Ora, o mito revela-nos que Olorum confiou-lhe a função de sair do seu interior e começar a criar os mundos e os seres que os habitariam.

Como algo só pode ser criado se houver um espaço onde possa ser "acomodado", e antes só havia o "vazio absoluto" à volta de Olorum, assim que Oxalá saiu (foi manifestado), com ele saiu seu estado (o espaço infinito), que se expandiu ao infinito dentro do vazio.

O espaço não é maior ou menor que o vazio, porque são estados, mas ambos são bem definidos:

• O vazio absoluto é o estado de ausência de qualquer coisa (o vazio).

• O espaço infinito é o estado de presença de alguma coisa (a ocupação).

Como Olorum tem em si tudo, e tudo ocupa um lugar no espaço, então Oxalá, como estado preexistente em Olorum, já existia no seu interior. E, como a mente criadora de Olorum ocupa um espaço, este era Oxalá, pois foi a Oxalá que Ele confiou a missão de criar os mundos e povoá-los com os seres que seriam criados.

Logo, Oxalá traz em si esse seu estado de espaço infinito que pode abrigar nele tudo o que for criado pela mente de Olorum.

Portanto, Oxalá também traz em si o poder criador, pois, se não o trouxesse em si, não poderia dar existência no espaço infinito ao que só existia na mente criadora de Olorum.

O vazio absoluto é um estado e não algo mensurável. O espaço infinito, ainda que não seja mensurável, é a existência de algo.

E, como esse algo denominado "espaço infinito" se abriu e expandiu-se dentro do vazio absoluto, criaram-se dois estados opostos-complementares:

• O vazio absoluto

• O espaço infinito

Exu e Oxalá são ligados umbilicalmente por causa desses dois primeiros estados da criação. Exu é o vazio exterior de Olorum, e Oxalá, o seu espaço exteriorizado.

Exu é a ausência, e Oxalá é a presença. Em Exu nada subsiste, e em Oxalá tudo adquire existência.

Exu, por ser o vazio absoluto, nada cria de si. Em Oxalá, por ele ser o espaço em si mesmo, tudo pode ser criado.

Exu e Oxalá são opostos-complementares porque sem a existência do vazio absoluto o espaço não poderia se expandir ao infinito.

Como ambos são estados, não são antagônicos, pois onde um está presente, o outro está ausente.

O vazio absoluto é anterior ao espaço infinito. E, porque é anterior, Exu é o primeiro Orixá manifestado por Olorum e detém a primazia. E, se tudo preexistia em Olorum, ainda que não fosse internamente o Orixá mais velho, é, no entanto, o primeiro a existir no seu exterior.

Logo, tudo o que recebemos referente a esses dois Orixás é verdadeiro, assim como sobre todos os outros.

Observem que, aqui, estamos nos servindo dos estados da criação para fundamentarmos o Orixá Exu em particular e os outros Orixás em geral.

Há uma lenda que fala que Exu (o vazio) foi colocado para fora da casa de Oxalá (o espaço). Até essa lenda nos fornece elementos interpretativos, pois como Exu poderia habitar com os outros Orixás na casa de Oxalá se, por seu estado ser o do vazio absoluto, ao entrar nela, com ele entrava esse seu estado que a esvaziava?

O jeito de as coisas voltarem ao normal foi Oxalá colocar Exu no lado de fora (despachá-lo) para que os outros Orixás (os estados posteriores da criação) pudessem entrar na casa de Oxalá (o espaço infinito).

As lendas dos Orixás nos fornecem indícios preciosíssimos sobre eles, seus estados e suas funções na criação de Olorum.

Por isso, a tradição nagô nos ensina que só se deve assentar Exu no lado de fora dos terreiros e se deve oferendá-lo nos limites dos pontos de forças da natureza.

A interpretação correta desses ensinamentos é a que nos diz que a casa de Oxalá é o espaço e que o lado de fora dela está voltado para o vazio, que é o estado do Mistério Exu.

Os limites dos pontos de forças (como cada um é a "casa" do seu Orixá regente) são os seus lados voltados para o vazio, que é o estado de Exu.

Os fundamentos dos atos e dos procedimentos existem, só falta entendê-los, descobri-los e interpretá-los corretamente.

Na casa de Oxalá (o espaço) cabem todos os Orixás, menos Exu (que é o vazio). E mais alguns ainda não nomeados

E dentro da casa de Oxalá (o espaço) cabem os estados de quase todos os outros Orixás, os muitos estados da criação: o ar, a terra, o fogo, a água, o éter, o amor, a ordem, o equilíbrio, a razão, etc.

Por isso, Oxalá é descrito como o rei dos Orixás, e no seu reino (o espaço) estão os reinos de todos os outros Orixás. Também nos esclarece a afirmação de que quem tem Oxalá em seu íntimo, tem tudo, e quem não o tem, não tem nada e é um ser "vazio".

Outra afirmação nos diz isto: quem tem Oxalá em seu íntimo, tem todos os outros Orixás dentro de si e tem Exu vigiando o seu exterior.

Saibam que Exu, o vazio, ficou inconformado diante de Olorum quando soube que Oxalá abriria seu estado (o espaço), dentro do seu domínio (o vazio).

O que aconteceu, revelaremos no capítulo seguinte na forma de uma lenda, que é uma história que traz em si elementos e informações reveladoras de ações supra-humanas ou transcendentais.

# Capítulo 5

# Exu, o Guardião do Mistério Oxalá

Conta uma lenda que o primeiro ato criador externo de Olorum foi gerar de Si o vazio... e o fez gerando-o em Sua matriz geradora do vazio.

Diferente das outras matrizes geradoras, que tinham até então seus mistérios geradores voltados para Olorum, a matriz geradora do vazio teve seu mistério gerador voltado para o exterior d'Ele.

Como no início não havia nada no exterior d'Ele, seu pensamento criador gerou nela o vazio, e daí em diante ela passou a gerar continuamente o vazio, e a irradiá-lo para todo o exterior de Olorum, já como um estado.

Essa lenda conta também que, de tanto vazio que essa matriz já gerou, Oxalá vem expandindo seu espaço desde que foi exteriorizado, mas nunca consegue alcançar os limites do vazio gerado por ela.

Bom, como cada pensamento criador de Olorum gera um estado e uma divindade (uma consciência divina) que o rege, junto com o vazio essa matriz geradora gerou uma divindade que foi chamada de Exu.

Então, essa divindade do vazio começou a reger sobre o estado do vazio e vivia feliz e tranquila porque nada a incomodava no seu vazio absoluto. Mas como essa tranquilidade durou só um instante da criação exterior, pois no momento seguinte Olorum criou dentro da matriz geradora da plenitude (o oposto do vazio absoluto) o espaço e o exteriorizou dentro do vazio criado no instante anterior, a divindade do vazio reagiu a essa "quebra" do sossego antes existente no seu estado de vazio absoluto.

Essa reatividade de Exu fez com ele começasse a abrir "buracos" nos limites do espaço e inundasse seu interior com o estado do vazio.

Como o espaço é algo, é um estado, então pode ser ocupado por uma ou muitas coisas, tal como uma garrafa ou outro vasilhame, que pode ser enchido por várias coisas.

Então, em sua reatividade natural, Exu encheu-o de vazios e mais vazios, chegando a um ponto em que nada mais poderia ser criado por Oxalá e exteriorizado no espaço então existente. O vazio absoluto o havia ocupado completamente, fazendo com que nada ali subsistisse, porque o "estado do vazio" a tudo esvaziava.

Como nada poderia ser criado no "espaço infinito", ocupado pelo "vazio absoluto", Olorum ordenou a Oxalá que encontrasse uma solução para que a criação exterior tivesse início.

Oxalá procurou o Orixá do mistério do "vazio absoluto", que é Exu, e ali iniciaram uma conversação para solucionarem os problemas de convivência entre os dois estados no exterior de Olorum.

Conversa vai, conversa vem, e nada de chegarem a um acordo que satisfizesse ambos e permitisse que a criação se iniciasse!

Depois de muita conversa, Oxalá, que já estava com a voz rouca de tanto argumentar com Exu, propôs-lhe uma pausa para criar algum líquido que umidificasse sua garganta.

Como Oxalá é em si o espaço, dentro do seu domínio interno deu início à criação dos mais variados líquidos e, um após outro, descartava-os e lançava-os no vazio, porque não aplacavam sua sede.

E todos os líquidos que eram lançados no vazio se desfaziam, até que Oxalá criou um que, ao ser lançado fora, não se desfez, e sim evaporou-se na forma de um gás que ficou pairando no vazio absoluto.

Exu, que até então se mantinha calado no seu estado na criação, que é o estado do vazio absoluto, curioso, aproximou-se daquela "nuvem" e, por ser vazio em si, puxou-a para dentro de si... para logo a seguir sofrer uma alteração no seu estado de humor "vazio".

Essa mudança de humor foi percebida por Oxalá, que, rapidamente, preparou outra grande quantidade do tal líquido e lançou-a no vazio.

Quando o vazio natural existente em Exu absorveu o vapor, Oxalá examinou aquela alteração e percebeu uma descontração no "estado de vazio absoluto" dele.

Após outras três criações do inusitado líquido, já mais concentrado e lançado no vazio, o humor de Exu havia se descontraído de tal forma que ele estava alegre, risonho e falante, como se tivesse sofrido uma alteração no seu estado de consciência, antes absolutamente vazia e intratável, mas, agora, cheia de ideias para essa criação de Oxalá.

— Então, Oxalá, com esse líquido que você criou, até que você pode criar uma região no seu espaço infinito só para produzi-lo continuamente e lançá-lo no meu vazio, sabe?

— Não sei não. Como é isso que você me propôs?

— Eu não propus nada, Oxalá. Só dei-lhe uma sugestão.

— Sugestão, é?

— Foi o que eu lhe disse, não?

— É, foi o que você disse, meu irmão Exu.

— Então, Oxalá? O que você acha dessa minha sugestão?

— Eu não acho nada, Exu. No vazio ninguém acha nada, sabe?

— Porque no vazio nada subsiste... a não ser esse seu líquido esquisito e ainda sem um nome.

— Exu, não existe líquido esquisito, e sim existem propriedades diferentes para os líquidos. Este líquido, extraí de uma criação, de uma planta, como vários outros que extraí de outras. Mas ainda não consegui um que aplaque a minha sede.

— Tudo bem, Oxalá!

— Tudo bem nada, Exu. Continuo com sede, sabe?

— Sei sim.

— Bom... creio que vou ter de parar de criar coisas para encontrar uma que me forneça um líquido que aplaque essa minha sede.

— Não desista, Oxalá! Logo você encontrará o líquido certo que saciará sua sede!

— Vou parar sim, Exu. Não creio que traga em mim uma criação que me forneça o líquido que aplacará minha sede. Além do mais, entristece-me ver tantas criações maravilhosas que, se não me ajudaram com minha sede, no entanto serviriam aos propósitos do nosso pai Olorum.

— Você está triste, meu irmão Oxalá?
Foi o que eu disse, Exu.
— Oxalá, tristeza é problema para Exu, sabe?
— Não sei não, Exu. Explique-se imediatamente!
— Até onde sei, Oxalá é a alegria de Olorum. Portanto, com você triste, Ele deixa de estar alegre e...
— Conclua o que estava dizendo, Exu.
— Deixa pra lá, Oxalá! Eu absorvi demais essa sua criação líquida ainda sem nome, e ela alterou meu estado de "consciência vazia", e, não sei como, comecei a imaginar coisas.
— Que coisas você imaginou, Exu?
— Você sabe que não posso dizer o que imaginei, senão o que imaginei se tornará real, e aí...
— E aí... o quê, Exu?
— Esqueça tudo o que eu disse, Oxalá! Crie mais um pouco desse líquido que não se dissolve no vazio absoluto e depois prossiga nas suas criações até que crie um líquido que aplaque sua sede, para que continuemos a discutir como o vazio e o espaço conviverão no exterior de Olorum, certo?
— Errado, Exu!
— Por que é errado, Oxalá? Explique-se!
— Bom, quanto mais eu criar e tiver que dissolver no vazio absoluto, mais triste ficarei. E quanto mais triste eu ficar, menos alegre ficará Olorum. Logo, é melhor eu parar por aqui antes que Ele se volte para o Seu exterior e me absorva. Se isso acontecer...
— Nem me fale o que lhe acontecerá, Oxalá! – exclamou Exu, aflito.
— Por que você ficou aflito se serei eu quem Ele absorverá e apagará de sua mente criadora?
— Ora, como você é em si o espaço infinito, se Olorum absorvê-lo, você se espalhará por toda a criação d'Ele. Logo...
— Logo... o quê, Exu?
— Prefiro não concluir o que imaginei, Oxalá! Se eu concluir, aí estarei encrencado, sabe?

— É, eu sei sim. O espaço infinito contido em mim é só mais um dos estados gerados por nosso pai Olorum. Mas, se Ele me absorver e me diluir, o espaço infinito se tornará um dos estados d'Ele e aí não haverá o vazio absoluto, que é o seu estado e que será preenchido pelo meu. E, se isso acontecer, o seu estado deixará de existir!

— Foi o que imaginei, Oxalá.

— Ainda não concluí o que deduzi, Exu!

— Nem concluirá! Você sabe que o que um Orixá conclui se torna em si um novo estado em Olorum. Logo, não conclua mais nada até eu tirá-lo da encrenca em que você nos meteu!

— Eu fiz isto, Exu?

— Fez sim, Oxalá.

— Essa não! Quando eu fiz isto, Exu?

— Quando você se entristeceu. Até você não ficar triste, estava tudo bem aqui no vazio. Mas desde que seu estado de humor mudou, o interior de Olorum começou a mudar também.

— O que está acontecendo no interior de Olorum, Exu?

— Eu acho que esse seu estado de tristeza tomou conta do lado exterior d'Ele e está gerando irritação no Seu lado interior, sabe?

— Não sei não. Explique-se, Exu!

— Epa! Espere aí, Oxalá! Exu é o vazio absoluto e não comporta explicação alguma, porque nesse estado não há nada, e muito menos explicações, certo?

— Sei sim, Exu. O vazio absoluto, por não conter nada em si, não tem como se explicar.

"Mas sei que, por não conter nada em si, ele é capaz de ecoar todos os estados da criação no lado interior de Olorum."

— Não é só no lado interior d'Ele. Tudo o que for criado ou feito no lado de fora d'Ele também ecoa no vazio, Oxalá!

"Portanto, agora o vazio já não está no seu estado de vazio absoluto, porque esse seu estado de tristeza está ecoando por todo o meu domínio na criação e está influindo no mistério da minha matriz geradora, que, se antes da sua saída era vazia, agora foi ocupada pelo seu estado de tristeza e está irritando-se.

Você tem noção do tamanho da encrenca que criou para mim?"

— O que criei para você, Exu?

— Antes de você sair, no lado de fora de Olorum, só havia o vazio absoluto. Porém, como as coisas não estão saindo a contento para você, agora o vazio foi ocupado pela sua tristeza e tornou-se inabitável, sabe?

— Não sei não, Exu. O que uma coisa tem a ver com a outra?

— Bom, eu não conseguirei conviver com esse seu estado de tristeza, pois ela é o maior dos problemas de Exu, que, por ser vazio em si, já é taciturno, sabe?

— Já estou sabendo que quem se sentir vazio também ficará taciturno. Isso sim é um problema e tanto, não?

— Nem me fale, Oxalá! Nem me fale! Imagine Exu vazio, taciturno e triste. Tem coisa pior, Oxalá?

— No momento não me ocorre nada pior. Creio que o melhor a fazer é eu criar mais um pouco daquele líquido que o descontrai, senão o lado de fora de Olorum desmoronará, certo?

— Foi o que eu disse, não?

— É, foi sim. Com alguém vazio, taciturno e triste, tudo desmorona à sua...

— Pare, Oxalá! – gritou-lhe Exu, muito aflito. — Você quer acabar conosco?

— Por que, Exu?

— Se você concluir sua dedução, ela se tornará um estado da criação exterior, e aí tudo desmoronará. Não diga mais nada até eu achar uma saída para a encrenca que você criou com esse seu estado de tristeza. Que encrenca! – exclamou Exu, já meio irritado.

Oxalá abaixou a cabeça e nada mais falou, senão tudo desmoronaria no lado de fora de Olorum. E, mesmo que só houvesse o vazio e o espaço infinito tentando uma acomodação aceitável para ambos, se isso acontecesse, só restaria o caos, o primeiro estado de Olorum.

Sim, antes do início de tudo só havia o caos e Olorum, que, por não ter se agradado com ele, gerou uma matriz absorvedora do caos que, desde então, vem recolhendo e anulando tudo o que de caótico tem sido gerado.

E, se o estado do caos se estabelecesse no lado de fora de Olorum, essa sua matriz absorvedora absorveria esse seu lado e tudo e todos que nele existissem ou estivessem. Inclusive Exu e Oxalá!

Exu fechou-se na sua "taciturnidade" e lucubrou uma saída para a encrenca que a sede de Oxalá os havia metido.

Afinal, se ele não tivesse ficado com sede, não teria começado a criar líquidos e mais líquidos para aplacá-la... e não teria ficado tão triste por ver suas criações se esvaírem no vazio de Exu.

Desde o início da criação, sempre que alguém desfaz algo que Oxalá criou, este se entristece, Olorum altera seu humor interior e Exu irrita-se ao extremo, tornando-se taciturno e voltando toda a sua atenção para o infeliz que ousou desfazer uma criação desse Orixá.

E isto, essa reatividade de Exu contra quem atenta contra a criação de Oxalá, tem gerado encrencas e problemas para esses infelizes, pois Exu, quando fica taciturno, lucubra encrencas e problemas para eles.

E como tem gente encrencada por já ter atentado contra uma criação de Oxalá! Como estão cheios de problemas insolúveis, pois todos os problemas que Exu cria, são insolúveis, sabem?

Bom, o fato é que Exu lucubrou, lucubrou e lucubrou! E tanto lucubrou que, em dado momento, exclamou:

— Oxalá, acho que já sei como desfazer toda essa encrenca que você criou para mim e para o meu domínio no lado de fora do nosso pai!

— O que lhe ocorreu, se não vejo outra solução além da que já falei?

— Bom, você continuará a criar seus líquidos até encontrar um que sacie sua sede. Mas, para que não se entristeça por vê-los esvaírem-se no vazio, você os manterá e às suas criações que os fornecem desde que ...

Como Exu se calou ao ver que a tristeza de Oxalá começara a dissipar-se, este lhe pediu:

— Continue, Exu! Quero ouvir toda a sua sugestão!

— Bom, desde que você me conceda o domínio sobre todos os que servirem para me descontrair.

Oxalá pensou um pouco antes de aceitar ou recusar a proposta de Exu e, porque não procedeu como de hábito, que era pensar, pensar e pensar antes de tomar uma decisão, não percebeu o duplo sentido da parte da proposta que dizia isto: "todos os que servirem para me descontrair", e sim prestou atenção à parte que dizia: "me conceda o domínio". Por fim, perguntou:

— Exu, o que você quis dizer com "conceda-me o domínio"?

— Oxalá, eu não falei "conceda-me" e sim "me conceda", certo?

— Certo. Mas qual é a diferença, além de um erro gramatical?

— Bom, eu fui o primeiro Orixá a estabelecer-se aqui no lado de fora do nosso pai Olorum, então tenho que ser sempre o primeiro.

— Não entendi essa sua afirmação, Exu.

— Ora, Oxalá! "Me conceda" significa que eu sou o primeiro e venho em primeiro lugar.

"Agora, "conceda-me" coloca você em primeiro, e esse "me", que se refere a mim, vem depois de você, que é o concededor, certo?"

— Vendo desse modo, até um erro gramatical tem sua lógica, Exu! — exclamou Oxalá, dando a seguir uma discreta risada. — Acordo...

— Espere, Oxalá! Há mais um acordinho, antes desse, que eu preciso tirar, digo, obter de você, certo?

— Errado, Exu. Sua sugestão, fora os erros gramaticais, foi clara, precisa e concisa. E não alude a nenhum acordinho ou acordão.

— Oxalá, você precisa me conhecer melhor, sabe?

— Não sei não. O que precisa ser melhorado no meu conhecimento sobre você?

— Bom, sempre que Exu sugere algo a alguém, por trás dessa sugestão há uma segunda intenção.

— Como é que é?!!!

— É o que você ouviu, Oxalá.

— Explique-se Exu! – exclamou Oxalá, contrariado.

— Não tenho que lhe explicar nada, pois sem perceber acabei de revelar-lhe um dos meus maiores segredos.

— Eu pedi uma explicação e exijo ser atendido. Ou você se explica, ou...

— Pare aí mesmo, Oxalá! – exclamou Exu ao atinar que Oxalá trazia em si algo capaz de acabar com seu domínio sobre o "vazio absoluto"... e até com ele. — Não diga ou pense mais nada, que eu me explico!

Oxalá traz em si o poder de criar o vácuo, que é capaz de absorver tudo à sua volta, inclusive o "vazio absoluto", que, no final das contas, é Exu em si.

Além disso, por ser em si o vazio, Exu não vê as coisas a partir do início delas, e sim a partir das suas finalizações.

Logo, ele viu o vácuo a partir de suas ações recolhedoras de todas as criações que desagradariam Oxalá mais adiante. E, mesmo que naquele instante da criação o vácuo ainda não fora criado por Oxalá, Exu, por ver de frente para trás, vira o que nem Oxalá ainda sabia que poderia criar. Ele nem sabia que trazia em si poder para criar algo capaz de absorver Exu e seu domínio na criação exterior do Divino Criador Olorum.

É por isso que Exu é tão solicitado para revelar coisas que até os Orixás desconhecem, porque elas ainda não tiveram início ou não foram pensadas por ninguém.

Os Orixás só atuam sobre o que tem existência e sobre o que ainda não existe, mas que já sabem que existirá.

A partir da ciência sobre algo que só mais adiante existirá e que não será bom, tomam as providências necessárias para que, quando algo ruim se iniciar, suas consequências sejam amenizadas e proveitosas, ou nem tenha início.

Inclusive, Obaluaiê e Nanã Buruquê, por trazerem em si as duas partes positivas do fator transmutador, conseguem transmutar as coisas ruins e torná-las benéficas... enquanto Exu e Pombagira, por trazerem em si as duas partes negativas desse fator, se forem contrariados, conseguem transmutar algo bom e torná-lo ruim.

Ainda há tantas coisas sobre os Orixás que não são do conhecimento geral, que achamos melhor parar por aqui, pois, caso esses dois Orixás sejam contrariados, somente dando uma oferenda que descontraia Exu ou que relaxe Pombagira faz com que eles revertam suas ações negativas transmutadoras.

Para tudo ir bem na vida de uma pessoa, só com Exu descontraído e com Pombagira relaxada isso acontece.

O fato, aqui, foi este:

— Então, explique-se, Exu – ordenou Oxalá.

— Bom, quando Olorum pensou criar o Seu exterior, Ele o pensou a partir das coisas que existiam n'Ele. E, como n'Ele não existe o vazio, Ele pensou-me a partir da necessidade de existir algo que permitisse a exteriorização de sua criação.

"Logo, sou a segunda intenção d'Ele, porque a primeira foi a de exteriorizar sua criação. E, como a segunda intenção, Exu traz em si uma segunda intenção para cada primeira intenção de alguém, sabe?"

— Estou começando a saber, Exu. Continue!

— É isso, Oxalá! Por trás de cada ato criador, que é a primeira intenção, existe a segunda e as demais intenções.

— Exu, você me disse que, quando Olorum pensou em exteriorizar Sua criação, a exteriorização foi sua primeira intenção, e você foi a segunda intenção d'Ele. Seguindo esse seu raciocínio, eu sou a terceira intenção, certo?

— Eu acho que é certo, Oxalá.

— Você acha ou tem certeza, Exu?

— Exu não tem certeza de nada, porque nada há no vazio absoluto. Logo, Exu só acha, Oxalá! Esse negócio de certeza é com você!

— Está certo, Exu. Afinal, onde não existe nada, tudo é incerto.

— Então, como eu estava dizendo...

— O que você estava dizendo, Exu?

— Que sempre que há uma primeira intenção, com ela vem uma segunda, uma terceira ...

— Nós não estávamos falando sobre um "acordinho"?

— Isso foi antes. Agora estamos falando da segunda intenção de Olorum, que sou eu.

— Isto já sei. Agora explique, qual é a sua segunda intenção, Exu?

— Que segunda intenção, Oxalá?

— Aquela que veio após a sua sugestão de eu conceder-lhe o domínio sobre todos os que servirem para descontraí-lo. Que intenção é essa?

– Bom, ao permitir que você crie seus líquidos (a intenção primeira), eu achei que, caso você me presenteasse antes de cada um deles com um pouco desse que não se dilui no vazio, você criará melhor, porque, mesmo que as suas novas criações não me descontraiam, já estarei descontraído, sabe?
– Eu terei que aceitar esse seu negócio, digo, essa sua intenção?
– Eu acho melhor, sabe?
– Se você acha, eu tenho certeza de que é o melhor... desde que minhas segundas intenções sejam aceitas por você! – exclamou Oxalá, já lhe enviando uma quantidade tão grande do tal líquido que Exu ficou meio embriagado, de tanto que absorveu.
– Negócio... digo, acordo fechado, Oxalá! – exclamou Exu, totalmente descontraído e às gargalhadas.
– Então, que de agora em diante o acordo feito entre nós e aceito por ambos de livre e espontânea vontade seja lei na criação — falou Oxalá, criando naquele momento a primeira lei no lado de fora de Olorum.

Essa lei vale até hoje e determina que todo Orixá deve dar um presente que descontraia Exu antes de criar algo dentro do seu domínio no lado de fora de Olorum, porque Exu foi o primeiro Orixá a ser exteriorizado, já como a segunda intenção d'Ele, que era exteriorizar seus pensamentos criadores.

Dessa lei surgiu o hábito de sempre oferendarmos Exu antes de iniciarmos alguma coisa, pois assim a certeza de sucesso é quase absoluta.

Só não afirmamos que a certeza absoluta não se aplica a Exu porque, no vazio absoluto, ninguém tem certeza de nada, pois nada nele subsiste.

Porém, que Exu acha que tudo sairá a contento depois de ser oferendado, disso sim não tenham dúvidas.

Só que alertamos nossos leitores que a "achologia", ainda que seja uma "ciência" muito humana, não é exatamente exata, sabem?

# Capítulo 6

# O Início da Criação Exterior

Exu e Oxalá ainda eram os únicos Orixás manifestados por Olorum no Seu lado de fora ou no Seu exterior.

Exu zelava por ele e é em si o vazio absoluto, onde nada existe ou subsiste, pois se esvai completamente, e Oxalá zelava pelo espaço infinito e o é em si mesmo, pois no lado de fora de Olorum algo ou alguém só existe ou subsiste se estiver fundamentado nele.

Fora do estado de Oxalá, tudo e todos caem no domínio de Exu e esvaem-se completamente.

Em Oxalá, tudo e todos crescem e prosperam, e, em Exu, tudo e todos se esvaem e desaparecem.

Em Oxalá, todos podem se assentar calmamente, e, em Exu, todos são desassentados imediatamente.

Em Oxalá, todos vivem pacificamente, e, em Exu, todos perdem a paz.

Em Oxalá, todos pensam e criam tudo o que lhes agradar, e, em Exu, não conseguem pensar, e caso criem algo, com certeza irá desagradá-los.

Em Oxalá, tudo o que é pensado e criado é aprovado automaticamente, e, em Exu, tudo o que conseguirem pensar e criar, com certeza os reprovará.

Afinal, no estado de Exu tudo se esvai, tudo perde sua estabilidade interior e sua paz exterior, irritando-se e cometendo atos contrários à sua plenitude, tornando-se vazio e incapaz de pensar algo sólido e estável.

Como lá atrás, no início da criação das coisas, havia surgido um impasse por causa da tristeza de Oxalá por ver todos os líquidos que criava se esvaírem no vazio absoluto de Exu, este achou melhor que ele conservasse seus líquidos desde que lhe concedesse o domínio sobre "todos" os que servissem para descontraí-lo.

Oxalá havia prestado atenção ao fato de ter que conceder a Exu o domínio de todos os líquidos que servissem para descontraí-lo e não prestara atenção para a dubiedade do sentido contida na frase "todos os que servirem para descontrair-me".

Isso se deveu ao fato de que ele estava muito triste. Afinal, se falavam de líquidos, para ele estava subentendido que Exu se referia exclusivamente aos que criaria e que servissem para descontraí-lo, certo?

Porém, no decorrer dos tempos, Exu fez Oxalá ver que havia uma segunda intenção por trás de sua frase e que o seu "todos" se referia a tudo, e não só aos líquidos.

Mas isso já é coisa do passado, e o fato é que eles chegaram a um acordo precário, mas satisfatório para aquele momento inicial da criação.

E Oxalá criou líquidos e mais líquidos, mas não criava um ao menos que servisse para saciar sua sede. E ia acomodando no seu espaço infinito todos os que criava, sendo que só um ou outro agradava Exu e servia para descontraí-lo. E criou tantos líquidos que, em dado momento, Exu admoestou-o:

— Oxalá, você já criou tantos líquidos diferentes e acomodou-os dentro do seu espaço infinito que acho que, se você não parar de criá-los, logo ocupará todo o meu domínio no lado de fora de nosso pai Olorum. O vazio está ficando cheio, meu irmão!

— Exu, tome mais uma dose desses líquidos que o agradam e o descontraem e acalme-se, porque, mesmo que lhe pareça que o vazio está sendo enchido pelos meus líquidos, isso não é verdade, pois o que está acontecendo é que o seu domínio está assumindo um tamanho sempre maior que o meu.

"Na verdade, estou lhe prestando um favor, sabe?"

— Não sei não, Oxalá. Explique-se!

— Eu me explico, Exu. O fato é que o vazio, por não conter nada, não pode ser mensurado. Logo, ele tanto pode ser entendido como gigantesco e infinito quanto minúsculo e ínfimo.

— Isso eu não entendi, Oxalá.

— Ora, Exu. Se o vazio absoluto não contém nada que possa dimensioná-lo, como podemos afirmar que ele é grande ou pequeno?

— Não sei como dimensioná-lo, Oxalá.

— Bom, nem o vazio absoluto nem o espaço infinito poderão ser dimensionados, porque não são coisas, e sim estados da criação.

"Então, por serem apenas estados, não são dimensionáveis. Mas, à medida que eu crio líquidos e acomodo-os no espaço infinito, este vai assumindo a condição de ser mensurado, e quanto mais líquidos eu criar, maior será o tamanho do espaço infinito, certo?"

— Isto é certo, mas... e o tamanho do vazio, como é que fica?

— Bom, como o espaço infinito foi aberto dentro do vazio absoluto, quanto maior for o tamanho do meu domínio, maior será o do seu.

— Como o tamanho do meu domínio será maior que o do seu se no meu nada subsiste, para que possa ser dimensionado, Oxalá?

— O espaço infinito não está dentro do vazio absoluto, Exu?

— Enquanto estados, sim. Mas o espaço infinito, por estar acomodando os seus líquidos, está assumindo tamanho e pode ser dimensionado. Entretanto, o vazio absoluto, por nada subsistir nele, continua com a possibilidade de ser imenso ou ínfimo, certo?

Oxalá parou de criar mais um líquido que talvez servisse para saciar sua sede e começou a pensar sobre a dúvida de Exu.

Após pensar por um bom tempo, embora o tempo ainda não existisse, encontrou a resposta, que foi esta:

— Exu, sua dúvida não procede, pois, sem a existência do vazio, o espaço infinito não poderia abrir-se dentro dele e passar a existir como um dos estados da criação.

"E, como as coisas só subsistem no espaço infinito, o tamanho deste nunca será maior do que o do vazio, porque, quanto mais o espaço se expandir, mais expandirá o vazio absoluto. Esse fato determina que o tamanho do vazio nunca será menor que o do espaço. E, ainda, que nada subsista no vazio; no entanto, este contém em si o espaço infinito, tornando o seu domínio sempre maior que o meu."

— Você tem certeza disso, Oxalá?
— Tenho, Exu.
— Essa sua certeza é relativa ou absoluta?
— Ela é absoluta, Exu.
— Então está tudo certo, e você pode continuar a criar seus líquidos, porque, quanto mais forem acomodados no seu espaço infinito, maior será o meu domínio na criação, e continuarei sendo o maior dos Orixás!
— Enquanto estado, você nunca será superado por nenhum outro Orixá, Exu!
— Ótimo! Sirva-me mais uma dose de um dos seus líquidos descontraidores e continue a criar tantos quantos forem necessários até você conseguir criar um que sacie sua sede. Afinal, de certa forma, você está trabalhando para mim, pois, enquanto enche o espaço infinito, você expande o vazio, certo?

Oxalá refletiu um pouco e por fim falou:
— De fato, Exu! Quanto mais eu crio líquidos, mais seu domínio se torna dimensionável e maior ele fica!

Moral desta lenda: quanto mais coisas estáveis criamos, mais "trabalhamos" para Exu, que, satisfeito, menos interfere em nosso trabalho e mais se descontrai, deixando-nos em paz com nosso labor.

# Capítulo 7

# Definindo o Orixá Exu

Deixemos de comentar outros Orixás e concentremo-nos em Exu, o Orixá que rege o "estado do vazio"!

Aqui, criamos uma base explicativa do início da criação a partir da inexistência de algo fora de Olorum, pois antes desse "nosso mundo" ser criado, só n'Ele algo poderia ter existência, ou seja: antes de a criação ter início, o que então existia ainda não havia sido exteriorizado por Olorum.

A partir dessa afirmação, deduzimos que tanto a criação quanto todos os seres que nela vivem e evoluem são exteriorizações do Divino Criador Olorum, que é em Si o pensamento criador e tem em Si todas as matrizes geradoras.

Por isso, tudo é originado n'Ele e só adquire existência individualizada após ser exteriorizado na Sua morada exterior, conhecida por nós como Sua criação.

Olorum "vive" em Si e "mora" na Sua criação, e, ainda que essa afirmação seja panteísta, ela é correta porque tudo o que foi exteriorizado antes preexistia n'Ele o traz em si como portador de uma origem divina.

Como, no início, nada existia, e as coisas só passaram a existir após as intenções concretizarem-se em algo ou em alguém, então ninguém deixa de ter uma origem divina, porque, isto é certo, tudo e todos se originaram em Olorum.

Exu preexistia no interior de Olorum como intenção e quando foi exteriorizado, o foi com o estado do vazio, já regendo sobre esse estado e guardando em si seus mistérios, tanto inerentes quanto intrínsecos e indissociáveis da sua matriz geradora, que não foi exteriorizada, e sim manteve-se no interior d'Ele.

O que foi exteriorizado foi o vazio e o seu guardião divino, que trouxe consigo a qualidade de Olorum, que, em Exu, manifesta-se como "estado do vazio".

Como estado, o vazio tem existência própria e tem uma função primeira, que é a de abrigar em seu interior o espaço infinito para que este possa abrigar os estados posteriores da criação, que, de estado em estado, chegou ao da matéria, concretizando-os nas coisas criadas em cada um deles.

Na natureza, associamos cada elemento, cada espécie mineral, vegetal ou animal a um Orixá.

Os seres espirituais, classificamos como "filhos dos Orixás", pois foram exteriorizados por Olorum nos "estados" deles, onde são suas divindades regentes porque são indissociados do Seu pensamento criador-gerador.

Assim é com tudo e todos que, posteriormente, foram exteriorizados por Olorum através das matrizes geradoras dos Seus estados, colocando-os sob a regência direta dos Orixás portadores e manifestadores dos seus mistérios.

Exu, já manifestado, viu-se no vazio, e como no vazio absoluto nada subsiste por si só, então Exu depende de algo ou de alguma ação ou coisa externa para atuar.

Como vimos nos "diálogos" mantidos entre ele e Oxalá, há alguns líquidos que se vaporizam e o descontraem e há certos sentimentos que o tornam taciturno, induzindo-o a lucubrar um jeito de sair desse estado.

Também, como no vazio nada subsiste, ele procurou partilhar das criações de Oxalá reservando para si as que o agradassem ou servissem para descontraí-lo, criações estas que, mesmo não estando dentro do seu domínio na criação, e sim no de Oxalá, que é o espaço infinito, são utilizadas por ele para sair de seu estado taciturno, contraído e neutro de sentimentos e atuar em benefício da criação.

Notamos claramente que Exu se manteve neutro o tempo todo enquanto Oxalá criava líquidos para aplacar a sua sede e os lançava no vazio, onde se esvaíam, só deixando de estar neutro quando foi lançado um líquido que não se esvaiu, e sim espalhou-se na forma de um vapor que o "embriagou" e o alegrou, descontraindo-o totalmente. Inclusive, tirou-o tanto de sua neutralidade original que ele começou a pensar uma saída para a solução do problema da sede de Oxalá!

Essas afirmações acima nos dizem muito sobre Exu, e, trazendo-as para o plano material, vemos como as primeiras incorporações dos Exus em seus médiuns são contratoras dos músculos e dos movimentos, chegando a acontecer de alguns Exus "mais novos" ou recém-saídos do "vazio" travarem completamente seus médiuns, só conseguindo uma descontração parcial após alguns "goles de marafo".

Também, eles começam a incorporar de forma contraída, taciturna e bravia e, novamente, após uns goles de "marafo" e umas bafotadas de charuto, descontraem-se, alegram-se e tornam-se amigáveis e falantes, começando a se oferecer para nos ajudar na solução dos nossos problemas ou dificuldades.

Aqui, abrimos um espaço para comentarmos esse fenômeno que não acontece só com Exu.

As Pombagiras iniciantes no mistério da incorporação vibram tanto que suas médiuns têm dificuldade em mantê-las incorporadas. Mas, após uns goles de champagne e umas bafotadas em suas cigarrilhas, não só se equilibram como passam horas incorporadas dando consultas. E, de vez em quando, tomam um gole de champagne para manter sob controle seus magnetismos, que, na sua irradiação vertical, são ondeantes e, na horizontal, são giratórios.

Os Marinheiros da Umbanda, quando incorporam em seus médiuns só esporadicamente, têm dificuldade para se manter parados no lugar e acabam como que lançados para a frente e para trás, como se estivessem no tombadilho de um barco que está sobre a ação de grandes ondas. Mas, após tomar uns goles de rum e dar umas bafotadas de cigarro ou de charuto, estabilizam-se e até conseguem permanecer mais ou menos parados para dar consultas.

No caso dos Marinheiros, eles vêm do reino aquático marinho, onde o magnetismo irradia-se em ondas magnéticas semelhantes às do mar, fenômeno esse que, quando em "terra", faz com que percam o equilíbrio sobre esta... mas nunca caem.

Observem que descrevemos como são as incorporações iniciais de Exus, de Pombagiras e de Marinheiros em seus médiuns, nas quais alguma bebida específica e com determinado teor alcoólico produz efeitos descontratores, estabilizadores e equilibradores, exatamente o inverso do que fazem em nós, os espíritos encarnados, quando ingerimos alguns goles de bebida alcoólica.

A partir dessa observação sobre como acontecem as coisas aqui no plano material, podemos entender alguns aspectos ou particularidades dos Orixás. Podemos definir o Orixá Exu desta forma:

É o primeiro Orixá manifestado por Olorum na sua criação e está para ela como uma base pura e vazia de qualquer coisa ou sentimentos, ideal para que, em cima dela, todos os outros Orixás pudessem assentar seus estados e manifestar seus mistérios, inclusive o Orixá Exu Mirim, até então confinado no plano das intenções.

Sim, só após o estabelecimento do vazio absoluto no "lado de fora" do Divino Criador Olorum, foi que um real estado exterior passou a existir e, por ainda nada conter, abrigou de imediato todas as suas intenções criadoras. E assim Oxalá foi exteriorizado, e por ser o espaço infinito em si mesmo, abriu-o dentro do vazio absoluto, e dali em diante as intenções criadoras se transformaram em ideias criacionistas ou criativistas, criadoras mesmo!

As intenções, que ainda não criavam um estado porque eram só "pensamentos potenciais", finalmente tiveram um estado no qual puderam ser acomodadas e, assim que o segundo estado, que é Oxalá, foi exteriorizado, "entraram" nele já transformadas em ideias criativistas, ou seja, que já tinham como ser concretizadas.

A transformação dos "pensamentos potenciais" em ideias criativistas só foi possível porque Olorum, ao pensar o vazio absoluto, pensou-o como um estado "transformador". E, ao gerar uma divindade na sua matriz geradora do vazio, gerou-a com o poder de transformar, a princípio, suas intenções potenciais e, posteriormente, todas as que não se adaptassem naturalmente na sua "morada exterior" ou no seu "lado de fora", dotando o vazio absoluto (Exu) do poder de subtrair ou retirar do espaço infinito tudo (e todos) o que não se adaptasse naturalmente e estivesse provocando desarmonia ou desequilíbrio nos outros e posteriores estados da criação.

Como todos os outros estados, por serem outros estados, nunca anulariam o estado do vazio absoluto, então este poderia recolher dentro de si tudo e todos que fossem necessários para que ali, no vazio absoluto, pudessem passar por uma transformação que lhes possibilitasse retornar ao espaço infinito e, já readaptados a ele, continuassem a fazer parte dos posteriores estados, para os quais haviam sido pensados.

Exu, ao ser exteriorizado no vazio e por trazer em si o poder transformador, tornou-se o meio ideal para que tudo o que se concretizasse no lado de fora nunca mais voltasse para o lado de dentro de Olorum, senão o descaracterizaria, já que dentro d'Ele nada tem existência própria, e só há "preexistência" n'Ele em estado potencial, que não é um estado em si, dependendo de algo mais para existir e de muitas outras coisas (ou estados) para exteriorizar-se e individualizar-se em algo ou em alguém. E esse algo ou alguém, após deixar o plano das intenções e passar a existir, não tem como retornar a Ele, senão teria que ser reduzido ao nada, porque, no plano das intenções, nada existe ou nada tem existência ainda, por ser só uma intenção.

O poder transformador do vazio mostrou-se ideal para Olorum, porque nenhuma de Suas criações voltaria a perder sua individualidade, mas elas passariam por transformações que as readaptariam para retornarem ao espaço infinito e, aí sim, finalmente ocupariam seus "lugares do espaço".

Se isso parece de difícil compreensão em se tratando de Deus, que tudo pode, então pensem nisto:

Olorum, ao exteriorizar-Se, deu a cada coisa exteriorizada a imortalidade e a indestrutibilidade para que algo, após ser exteriorizado, nunca mais deixasse de existir em si e por si.

Ao dotar cada coisa criada com os princípios da imortalidade e da indestrutibilidade, eternizou-a na sua morada exterior, onde Ele habita em estado potencial, e, através das Suas criações, também está em tudo o que criou, ainda que só em estado potencial e dependente de condições ideais para deixar o plano das intenções e transformar-se em ideias criativas ou estados concretos.

A Física Moderna define a energia como algo que não pode ser criado ou destruído, mas sim transformado.

Lavoisier nos deu essa verdade: "Na natureza nada se perde, tudo se transforma".

São duas verdades, já ratificadas, que confirmam que Deus dotou tudo e todos da indestrutibilidade e da imortalidade, eternizando tudo e todos confinados na sua morada externa, que também é eterna, indestrutível e imortal.

Mas Ele também deu a tudo a capacidade de transformar-se e de readaptar-se em outros estados.

Essas afirmações sobre a criação divina são verdadeiras e podem ser confirmados por nós no dia a dia, observando a tudo e a todos que nos cercam e a nós mesmos, e pela Física e pela Química modernas.

Como o vazio absoluto traz em estado potencial o poder transformador-readaptador, e basta algo ser recolhido dentro dele para começar a ser transformado até que se readapte, está preservado o estado original de Deus ou da Sua morada interior ou do lado de dentro da criação, onde nada além d'Ele existe por si só, e só há preexistência n'Ele, ainda em estado potencial.

No estado original só Deus existe, e n'Ele tudo mais existe em estado potencial.

No mundo manifestado tudo existe e está individualizado, mas traz em si Deus em estado potencial. Fato esse que dá a cada coisa criada as propriedades de indestrutibilidade, de imortalidade e de eternidade, qualidades inerentes a Ele, que, por estar em estado potencial em tudo o que criou, dá-lhes essas propriedades e qualifica-as como criações d'Ele, o único realmente indestrutivo, imortal e eterno, que a tudo e a todos eternizou ao exteriorizar-los na Sua manifestação.

Se nada mais houvesse para justificar a divindade de Exu, só a sua capacidade de abrigar dentro do seu estado do vazio absoluto todos os outros estados e o seu poder transformador-readaptador já o tornariam divino e imprescindível para que a criação tanto existisse quanto se eternizasse.

Só quem é realmente, e em si, uma divindade pode abrigar em si todos os estados da criação e pode transformar e readaptar tudo e todos que foram criados por Deus e exteriorizados para viverem no lado de fora d'Ele.

Esperamos ter deixado bem claro e bem fundamentado o Mistério Exu e sua divindade, indissociada de Olorum porque Exu é o meio d'Ele exteriorizar Suas criações e é o meio de impedi-las de retornarem a Ele, maculando-O e tirando-lhes Seu estado de originalidade, no qual tudo preexiste, mas nada ainda existe ou pode existir por si só.

Na África, em territórios da atual Nigéria, o Orixá Exu foi objeto de culto coletivo e, por si só, respondia a todos os pedidos que lhe eram enviados, tornando-se querido e amado por milhões de pessoas no decorrer dos milênios, que a ele recorreram tanto para se fortalecer internamente quanto para se adaptar externamente ao meio inóspito onde viviam.

Uma divindade de Deus, um Orixá, só é classificado como tal se tiver em si o poder de atuar em nós através de nós mesmos, pois trazemos em estado potencial suas propriedades e qualidades divinas.

E nós trazemos em estado potencial a capacidade de transformarmo-nos e de readaptarmo-nos em função das dificuldades inerentes aos meios onde vivemos e das que vão surgindo em função da transformação que está acontecendo o tempo todo à nossa volta, transformação essa que não depende da nossa vontade, e sim de vontades alheias.

Porém, esse transformismo e readaptacionismo não está só em nós, mas também em tudo o que existe no lado de fora da criação.

Com isso, Deus garantiu a eternização de todas as coisas, ainda que elas tenham que passar por transformações internas e/ou externas para readaptarem-se a meios não mais originais.

 Um pedaço de minério de ferro ou um punhado de pó de ouro são indestrutíveis, imortais e eternos, ainda que o ferro bruto se transforme em uma ferramenta e o pó de ouro se transforme em uma joia preciosa, se ambos forem bem trabalhados.

Na criação, nada se perde e tudo se transforma. E Exu é esse agente transformador que está presente no vazio absoluto, como uma de suas propriedades (porque outras ele possui em si) e em nós, como nossa capacidade de transformarmo-nos interna e externamente.

Logo, o que está no macro (na divindade) está no micro (em nós), porque antes preexistia em Deus em estado potencial, e, ao ser exteriorizado, deu origem ao vazio absoluto, todo ocupado por poderes em estado potencial e que só precisa ser ocupado por algo para que alguns ou vários desses poderes deixem de estar em estado potencial e entrem em ação.

Podemos definir Exu assim:

Exu é a divindade que rege o estado do vazio absoluto e traz em si propriedades e qualidades (mistérios e fatores) inerentes a Deus, porque só n'Ele tudo pode estar contido e fora d'Ele nada existe.

Tal como no lado de dentro tudo está dentro de Deus, no lado de fora tudo está dentro do vazio, o primeiro estado da criação, e como Exu rege o vazio, então, no lado de fora, toda a criação está dentro de Exu (do seu estado).

Logo, Exu é Deus manifestado como o primeiro estado da criação e tem em si a capacidade infinita de abrigar em seu interior tudo o que foi, é e será criado no lado de fora do Divino Criador Olorum.

E como tudo o que foi, é e será criado só o será dentro do estado original de Exu, então Exu é Deus manifestado como o estado do vazio, fato esse que faz com que Exu seja um dos estados da criação e não possa ser dissociado do Divino Criador Olorum.

Mas como Exu também está em nós como nossa capacidade de transformarmo-nos e de adaptarmo-nos, então ele também está em nós e rege sobre nosso transformismo e nossa adaptabilidade. E como essas qualidades são inerentes a ele e nele estão em estado potencial, também não podemos nos dissociar de Exu, senão perdemos essa nossa capacidade de transformarmo-nos e de readaptarmo-nos aos meios e a tudo e todos que o formam e/ou compõem.

Logo, somos indissociados de Exu e dependemos de suas propriedades e qualidades (dos seus mistérios e fatores) para não deixarmos de evoluir e de adaptarmo-nos aos novos meios da vida, em constante transformação.

Em contrapartida, Exu tanto é indissociado de Deus quanto de nós, que também somos indissociados de ambos, fato esse que faz com que todas as nossas ações reflitam tanto em Exu quanto em Deus.

# Capítulo 8

# Exu na Umbanda

Esperamos que até aqui o Orixá Exu já esteja fundamentado na base da criação e tenha assumido, finalmente, a importância que ele realmente tem para nós, transformando no íntimo do leitor estudioso dos Orixás os antigos conceitos desenvolvidos para ele a partir dos fragmentos que eram visíveis sobre algo grandioso, mas que não era possível de ser apreendido, justamente porque seu conceito original e divino havia sido fragmentado no decorrer dos tempos quando manifestadores parciais do Mistério Exu assumiram condições totalizadoras.

Afinal, "Exu Caveira" não é o Orixá Exu, e sim é resultante da ação do mistério maior em um dos estados da criação, que é regido por Omolu.

E assim sucessivamente com todos os outros Exus, que são partes individualizadas de um mistério original da criação, que é justamente o primeiro estado da criação manifestado pelo Divino Criador Olorum.

Explicar um mistério original da criação a partir de algumas de suas partes não o fundamenta e não o sedimenta na mente das pessoas como algo divino, e sim o diminui e o particulariza, retirando dele sua divindade e submetendo-o à dependência de outros mistérios para existir.

Era isso que acontecia e ainda acontece com Exu na Umbanda, em que temos Exus de Ogum, de Oxóssi, de Oxalá, etc., todos dependentes da existência desses Orixás para assim poderem se apresentar.

A Umbanda, no seu início, por ter uma forte influência cristã, teve dificuldade em lidar com o já conhecido e temido Exu da tradição oral nagô, que o descrevia como perigoso e de difícil controle porque ele escapava à regra de procedimento dos outros Orixás.

Mas ele era (e ainda é) tido como um Orixá independente dos outros e possuidor de regras e de um culto só seu nos cultos tradicionais de origem nigeriana.

Os primeiros umbandistas haviam recebido uma formação doutrinária e religiosa cristã e espírita e, na falta de uma literatura sobre os Orixás em geral e sobre Exu em especial, foram de uma coragem única ao aceitar a incorporação de espíritos que se apresentavam como Exus, porque eles diferiam dos guias espirituais da "direita".

Foi um ato de coragem religiosa, e pagaram um preço altíssimo ao afirmar que também aceitavam a presença e a participação de Exu na Umbanda.

Isso, aos olhos dos espíritas de então, era sinal de pouca ou nenhuma evolução, e não foram poucos os que se referiam ao nascente espiritismo de Umbanda como "baixo espiritismo".

Quanto aos cristãos, as legítimas práticas religiosas umbandistas foram (e ainda são) vistas como sinônimo de paganismo ou de culto ao "coisa ruim".

Mas nada disso era verdade, e a Umbanda prosperou no tempo e ocupou espaço, antes vazio, de uma religião fundamentada no culto aos Orixás, mas que fosse genuinamente brasileira e que tivesse em seu bojo valores religiosos e espirituais também brasileiros.

É certo que a tradicional transmissão oral dos Cultos de Nação serviu para a preservação das antiquíssimas tradições religiosas africanas e serviram muito bem para implantar no Brasil várias religiões que, lá na África, eram nacionais e de "propriedade" de etnias que aqui, trazidas à força, não renunciaram aos seus valores e conceitos doutrinário-religiosos.

A diáspora forçada dos povos ou etnias africanos, mais que espalhar pelo mundo uma cultura e um modo de vida ímpar e ainda tribal, semeou religiões milenares baseadas em clãs ou raças.

Cada raça africana possuía sua própria religião e, se todas eram similares, no entanto cada uma tinha sua língua e nomes próprios para seus panteões de divindades.

A Umbanda já nasceu com uma proposta em sentido contrário: incorporar os fragmentos dos antiquíssimos Cultos de Nação e transformá-los nas bases da nova religião.

Se esses fragmentos serviram inicialmente, mais adiante se voltaram contra os umbandistas, porque, se já não bastassem as críticas espíritas (baixo espiritismo) e as cristãs (paganismo e animismo), ainda vieram as de praticantes dos tradicionais Cultos de Nação, que não aceitavam quando alguém se apresentava como umbandista ou como seguidor da nova religião dos Orixás.

Não foram poucas as críticas de seguidores de cultos tradicionais que afirmavam, com razão, que muitas das práticas umbandistas eram adaptações das deles, já seculares.

Hoje, é fácil criticar os primeiros umbandistas, e alguns até lhes negam o crédito por tão corajosa iniciativa religiosa.

Mas o fato verdadeiro é este: em paralelo aos fragmentos antigos recolhidos pela Umbanda junto aos cultos indígenas brasileiros, aos cultos africanos, à magia e a outras antigas fontes religiosas, uma nova religião foi se cristalizando no tempo, e hoje, um século depois, compete-nos ir identificando o que "nasceu" dentro da Umbanda e dar-lhe fundamentação divina para que, mais adiante, a religião torne-se independente quanto aos seus conceitos e fundamentos religiosos, assim como compete-nos identificar o que se renovou nela e precisa ser fundamentado em uma linguagem umbandista, para que não fiquemos prisioneiros de fundamentações alheias.

É isso que estamos fazendo aqui: fundamentando o Orixá Exu na Umbanda com fundamentos genuinamente umbandistas!

Exu, o Orixá dos cultos nagôs, já existia e tinha conceitos que o definiam. Agora, Exus com nomes simbólicos, tais como: Sete Porteiras, Tranca Ruas, Sete Encruzilhadas, etc., manifestaram-se através da Umbanda.

Ogum, o Orixá da agricultura, da forja, das ferramentas e das armas, era tão cultuado na África que até cidade com seu nome lá já existia. Agora, Ogum Beira Mar, Ogum Sete Pedreiras, Ogum Rompe-Matas, etc., começaram a ser cultuados por meio da Umbanda.

E assim foi acontecendo com todos os Orixás que eram cultuados na Umbanda, na qual, pouco a pouco, foram sendo reinterpretados e identificados como "Orixás da Umbanda", porque antes não haviam sido cultuados nos cultos tradicionais, em que só há um "Ogum".

A Umbanda inovou nesse campo e criou para si toda uma nova e inédita teogonia.

Essa contribuição ficou pairando no éter à espera de uma fundamentação que a "concretizasse" e a tornasse tão importante, religiosamente falando, que a partir dela a Umbanda e os umbandistas deixariam de depender de conceitos e fundamentos alheios e passariam a apoiar-se em mistérios com "feições" próprias e exclusivas, libertando-se da dependência dos fundamentos de outras religiões.

Pouco a pouco, toda uma teogonia própria foi tomando corpo através dos guias espirituais das linhas da direita e da esquerda, que se apresentavam com nomes simbólicos e, quando inquiridos, afirmavam trabalhar na irradiação desse ou daquele "Ogum", ou "Xangô", etc., criando lentamente um novo panteão de Orixás, já exclusivos da Umbanda.

Foi um trabalho lento e muito bem pensado pelos espíritos responsáveis pela implantação terrena da nascente religião de Umbanda.

Todo pesquisador sério poderá confirmar o que aqui afirmamos, porque, antes de a Umbanda surgir e seus guias se manifestarem e se apresentarem como "sendo" desse ou daquele Orixá, tudo isso não existia em nenhum outro culto afro, ameríndio, espírita-cristão e nas demais religiões, todas mais antigas que a Umbanda e já com seus panteões definidos.

Temos o dever de pesquisar com atenção o que já existia e o que surgiu com a Umbanda.

No Mistério Exu, a inovação foi o surgimento das linhagens de Exus de trabalhos espirituais muito bem definidas e organizadas, porque, em lugares distantes e sem que seus médiuns se conhecessem ou soubessem algo sobre eles, Exus com um mesmo nome e com "aparência fluídica" iguais incorporavam neles e diziam ser seus Exus de trabalho.

Hoje isso, é corriqueiro e já não surpreende mais ninguém, porque é algo "natural" para os médiuns umbandistas.

Mas, para que isso possa acontecer, tem que haver algo no lado espiritual que dê suporte a essas entidades e as fundamente na base da criação.

Essa base é o primeiro estado da criação, que é o do vazio absoluto, e sua fundamentação está no seu regente divino, que é o Orixá Exu.

Mas, só afirmar isso ainda não é suficiente para que essa fundamentação seja aceita como verdadeira e, a partir dela, uma doutrina realmente umbandista e uma teogonia ímpar se mostrem em toda a sua grandeza divina e toda uma teologia umbandista realmente possa ser ensinada e passe a "concorrer" em pé de igualdade com as "teologias" das outras religiões, já ensinadas há séculos dentro de suas escolas ou colégios religiosos.

Como só afirmar não é suficiente, então, a partir do que já comentamos até aqui, vamos desdobrar a influência do primeiro estado da criação e do seu Orixá regente nos posteriores estados e em tudo e todos na criação.

Só assim Exu e todos os seus manifestadores espirituais deixarão de depender de conceitos e fundamentos desenvolvidos, elaborados e universalizados em religiões mais antigas e poderão ser discutidos e ensinados nas escolas doutrinárias umbandistas por meio de conceitos e fundamentação umbandistas.

# Capítulo 9

# A Onipresença do Orixá Exu

O termo onipresença é aqui usado para determinar que algo está presente em tudo o que existe. Entendam que o utilizamos para fundamentar Exu como um dos mistérios de Olorum, o nosso Divino Criador.

Não nos baseamos no comportamento, na linguagem ou no modo de "trabalhar" dos Exus que incorporam em seus médiuns, e sim o fazemos a partir do primeiro estado da criação, que é o vazio absoluto, e da divindade que é o regente divino dele e que conhecemos como Orixá Exu.

Pedimos a compreensão do leitor, porque o nosso método de abordagem dos mistérios é novo e precisa antes ser entendido para que, aí sim, tudo vá assumindo sentido. O fato é o seguinte:

Sem que houvesse o vazio absoluto, não poderia haver o espaço infinito para abrigar tudo o que seria criado!

Esperamos que até aqui isso já tenha sido compreendido e aceito pelo leitor.

Bom, nosso conceito "terreno" de vazio não serve como modelo explicativo. No plano da matéria, não existe vazio absoluto, porque onde não há matéria sólida ou líquida, há gases. E fora do nosso planeta e até de outros corpos celestes, há micropartículas e ondas atravessando o espaço, que, aos nossos olhos, parece ser vazio.

Esse espaço entre os corpos celestes só é vazio aos nossos olhos humanos porque não vemos o que realmente existe entre um planeta e outro, assim como não vemos as ondas vibratórias que fluem em todas as direções com cada tipo de onda formando infinitas telas vibratórias das divindades-mistérios que formam a base da criação.

Além dessas ondas vibratórias mentais divinas, existem as emitidas pelos estados posteriores da criação, também invisíveis e impossíveis de serem detectadas por qualquer tipo de receptor existente no lado material da criação.

Fora essas ondas vibratórias mentais, há outras já pertencentes aos estados do espírito e da matéria, todas fluindo pelo mesmo "espaço infinito", mas cada uma vibrando em um grau ou frequência só sua, fato esse que faz com que uma não interfira em outra.

Como o espaço infinito é o estado do Orixá Oxalá e como por fora dele está o verdadeiro vazio absoluto, que é o estado original de Exu, e cada "corpo", seja uma estrela, um planeta, um átomo ou uma partícula subatômica, possui seu campo, que tanto o isola quanto o individualiza, podemos inferir que dentro desse campo (espaço) estão as coisas criadas e que do lado de fora de cada "coisa" individualizada está o vazio, seja ele absoluto ou relativo.

Logo, Exu e o seu estado estão do lado de fora de tudo que existe, mas, em compensação, tudo está dentro de Exu e do seu estado de vazio.

Só essa afirmação conceituadora de Exu já é suficiente para fundamentarmos algumas das afirmações sobre ele preservadas pela tradição oral nagô, que chegou até nós e que o torna único. Ainda que tais afirmações conceituadoras não foram fundamentadas ou se perderam no decorrer dos séculos, também o tornaram temido, respeitado e até evitado por muitos que não gostam de ligar-se a alguém sobre o qual não têm controle.

Se Exu é incontrolável até para os outros Orixás, então o que poderiam fazer os seres espirituais que dele viessem a se servir?

Vamos citar algumas frases conceituadoras sobre Exu para que entendam o que comentamos anteriormente:

- Exu tem uma casa (morada) sem porta e sem janela.

- Exu entra saindo e sai entrando.

- Exu é o filho que tudo engole e devora.
- Exu mora do lado de fora da casa de Oxalá.
- Exu é o mensageiro dos Orixás.
- Exu é o Orixá mais velho, o primogênito.
- Exu é o primeiro Orixá a ser oferendado.
- Exu é o primeiro Orixá a ser saudado e reverenciado.
- Exu é o primeiro Orixá a ser assentado.
- Exu é o primeiro Orixá a ser despachado.
- Se Exu não for despachado, não é possível baixar qualquer outro Orixá no terreiro.
- Exu tem duas cabeças, uma no céu e outra na terra (uma no *Orun* e outra no *Ayê*, uma no alto e outra embaixo).

Existem muitas outras afirmações conceituais sobre Exu que, na falta de uma fundamentação delas, tornam-no incompreensível, temível e evitado.

Agora isso é possível de ser feito porque temos uma base lógica, racional e sensata para fundamentar essas e todas as outras afirmações conceituais aqui não colocadas.

Vamos à interpretação das afirmações conceituais sobre o Orixá Exu:

1. Exu tem uma casa (morada) sem porta e sem janela.

   Exu rege o vazio e "vive" no seu estado do vazio absoluto, que é sua "casa" ou sua "morada".

   Como no vazio absoluto nada existe, então sua morada não tem porta nem janela.

   Essa afirmação conceitual está correta e não tem a ver com nossas casas aqui no plano material.

2. Exu entra saindo e sai entrando.

   Exu entra nos outros estados da criação por meio de determinados elementos ou coisas existentes nela, assim como entra em nossa vida por meio de nossos erros, falhas e pecados.

   Logo, ele sai do seu estado de neutralidade somente se houver certas precondições para tanto.

   Exu entra na vida alheia saindo de sua neutralidade e sai dela entrando na vida dos seres, desde que lhe sejam franqueadas condições para tanto, porque, por iniciativa própria, ele não tem como sair do seu estado original, que é o do vazio absoluto e da neutralidade.

3. Exu é o filho que tudo engole e devora.

   Por ser em si o seu estado, que é o do vazio, e por toda a criação estar "dentro" do vazio, quanto mais for criado, mais será engolido por Exu.

4. Exu mora do lado de fora da casa de Oxalá.

   Esta afirmação conceituadora sobre Exu até tem uma lenda que a descreve na tradição oral, e está corretíssima.

   Afinal, como o espaço infinito foi "aberto" dentro do vazio absoluto, e aquele é o estado ou a "casa" de Oxalá, é verdade que no seu lado de fora está Exu e no seu lado de dentro está Oxalá e todos os outros Orixás.

   A lenda nagô que conceitua Exu como morador do lado de fora da casa de Oxalá, que por analogia é o "templo", fundamenta o assentamento dele no lado de fora dos centros de Umbanda, em uma casinha ou em um quartinho separado.

   Afinal, se Exu (o vazio) for assentado dentro do templo, dentro dele será instalado o "vazio".

5. Exu é o mensageiro dos Orixás.

   Ensinam-nos os mentores espirituais que os Orixás "falam" conosco de dentro para fora e que Exu nos fala de fora para dentro. Esse falar de "dentro para fora" significa que os Orixás falam conosco a partir do nosso corpo divino e pela nossa consciência.

E o falar de "fora para dentro" significa que Exu, que é "a boca que tudo revela", nos fala a partir dos meios "oraculares", que é por meio de alguém.

Quando nossos sentidos estão "embotados" e nossa mente e consciência estão confusas, impedindo-nos de encontrarmos saídas ou soluções por conta própria, Exu nos traz as respostas aos nossos pedidos de ajuda enviados aos Orixás.

6. Exu é o Orixá mais velho, o primogênito.

Esta afirmação conceitual é dogma no Candomblé Nagô e está corretíssima, uma vez que o estado do vazio é o primeiro estado da criação e Exu, já como seu regente, também foi o primeiro Orixá a "entrar" na criação, fornecendo-lhe o "meio em que ela seria construída".

Não há dúvidas quanto à primazia de Exu entre os Orixás, e, por isso mesmo, ele é o primeiro a ser louvado durante os cultos aos Orixás.

Ainda que, como intenção, todos os Orixás eram preexistentes na mente criadora de Olorum, só passaram a existir individualizados à medida que foram sendo exteriorizados por Ele, já como estados da criação.

7 a 10. Exu é o primeiro Orixá a ser saudado, oferendado, reverenciado, assentado e despachado.

Por ser, de fato e de direito, o primogênito, então esse ensinamento passado de geração em geração até chegar a nós, já aqui no Brasil e na Umbanda, é corretíssimo, e temos que segui-lo à risca se quisermos estar de acordo com a tradição dos Orixás.

11. Se Exu não for despachado, não é possível baixar qualquer outro Orixá no terreiro.

Como Exu simboliza o vazio, só após despachá-lo é possível abrir-se o espaço infinito "dentro" do templo para, aí sim, estabelecerem-se dentro dele os outros estados da criação.

Inclusive, ensinam-nos os mentores que o campo que se abre durante o culto aos Orixás, ainda que no plano físico esteja contido entre quatro paredes, no plano espiritual não tem tamanho, porque é em si um estado.

Essa informação nos foi transmitida por mentores espirituais e nos revelou isto:

Um campo, seja ele divino, natural ou espiritual, é um estado em si e até pode ser mensurado "por fora" quando é aberto dentro de um espaço delimitado por alguma coisa (quatro paredes, um círculo, um símbolo, uma mandala, um polígono, um elemento, etc.), mas, em si mesmo e "por dentro", ele é imensurável e é capaz de abrigar tudo o que entrar ou for recolhido dentro dele pela Lei Maior.

Na magia, um espaço mágico é um campo com um tamanho por fora, mas por dentro ele é imensurável porque é em si um "estado" e é capaz de abrigar em seu interior toda a sobrecarga energética negativa acumulada dentro do campo de uma ou de muitas pessoas ao mesmo tempo.

A capacidade de absorção de um campo é ilimitada, porque, por dentro, ele é um "estado" ou uma "realidade" em si mesmo, aberto na frequência vibratória do seu "criador".

O lado material dele é como um portal por meio do qual são recolhidas as sobrecargas energéticas negativas e todos os espíritos desequilibrados que tenham sido projetados contra uma pessoa.

Esse mistério dos campos religiosos que se abrem dentro dos centros de Umbanda quando são iniciados os trabalhos espirituais explica o porquê de as "cargas" ou de os "carregos" dos consulentes descarregados dentro dele não "atravessarem" suas paredes e incomodarem os vizinhos que moram ao lado.

Em Deus, tudo é mistério.

Compete a nós descrever esses mistérios, tornando-os compreensíveis ao maior número possível de pessoas e irmos fundamentando a Umbanda como religião, demonstrando que suas práticas religiosas e magísticas estão fundamentadas nos mistérios do nosso Divino Criador Olorum.

Por isso, como um campo é um "estado em si mesmo", antes de ele ser aberto pelo Orixá da casa, Exu deve ser "despachado", ou seja, firmado e ativado do lado de fora do templo ou do centro de

Umbanda, reproduzindo no microcosmo (no terreiro) tudo o que existe no macrocosmo (a criação com seus estados).

Aí sim, com Exu firmado do lado de fora e envolvendo todo o campo aberto pelo Orixá da casa, e porque o campo é um espaço em si, dentro dele poderão se manifestar com tranquilidade um ou vários Orixás sem que aconteça qualquer tipo de perturbação durante a gira mediúnica.

O estado original da criação, quando nada existia fora de Deus, não serve para sustentar um trabalho religioso ou magístico, e tanto o templo quanto os espaços mágicos abertos na natureza reproduzem no micro o que existe no macro e dão sustentação à criação e a tudo e a todos dentro dela.

Por isso, também é recomendado aos médiuns umbandistas que, quando forem trabalhar na natureza (religiosa ou magisticamente), primeiro oferendem o Exu guardião do campo vibratório da natureza, dentro do qual trabalharão.

Não é só porque Exu foi o primeiro Orixá manifestado que ele deve ser o primeiro a ser invocado, cultuado, oferendado, firmado, assentado e despachado. Não é só por isso. Também tem a ver com o primeiro estado real da criação, que é o do vazio absoluto, dentro do qual tanto podem ser abertos todos os outros estados, como também o que não "agradar" aos Orixás pode ser recebido e esvaziado.

Como o único estado que esvazia tudo o que "desagrada" os Orixás é o de Exu, então mais uma afirmação conceitual está fundamentada, e está corretíssima a frase que diz isto:

Sem Exu não se faz nada!

Isto é certo por duas razões:

a) Sem o estabelecimento do estado do vazio, os estados dos outros Orixás não se abrem, porque nada existe ainda, e se eles abrirem seus estados para recolherem e reterem dentro deles as sobrecargas e os carregos das pessoas sem terem um "estado neutro" para enviar tudo o que traz em si as sementes da desarmonia (as vibrações negativas), seus estados começarão a sobrecarregar-se negativamente e inúmeras fontes geradoras de desequilíbrio e desarmonia se instalarão dentro deles.

b) Como antes do primeiro estado da criação nada existia, sem que Exu já esteja firmado, um Orixá não consegue abrir seu estado, porque, como no nada, nada existe ou subsiste por si só; então, assim que abrirem seus estados em um ponto de forças da natureza, eles serão "nadificados", ou seja, reduzidos ao nada, fato esse que os impossibilita de auxiliarem seus adeptos e beneficiários.

Portanto, é verdadeira a afirmação conceitual de que sem Exu não se faz nada.

Os mesmos procedimentos devem ser adotados para Exu Mirim, que rege sobre o Nada, e para Pombagira, que gera o fator interiorizador e rege sobre os interiores, desde o de um ser até o de um estado da criação.

É isso mesmo, filhos de Umbanda!

Pombagira é tão importante para o equilíbrio da criação quanto todos os outros Orixás, e seu "estado do interior", se estiver em desequilíbrio em algo ou em alguém, passa a exteriorizar seus desequilíbrios internos tornando-os visíveis e identificáveis a todos os bons observadores.

Exu Mirim, com seu fator "nadificador", pode reduzir ao "nada" qualquer coisa que exista.

Pombagira, com seu fator "interiorizador", pode pôr para fora tudo o que estiver no interior de algo ou de alguém.

Um dos recursos que Pombagira tem para "por para fora" algo que esteja vibrando no interior de alguém é o "fator desejo", fator esse que desperta no ser que vibra esse "algo" o desejo de exteriorizá-lo.

O "fator desejo" faz o ser desejar intensamente exteriorizar o que vibra em seu íntimo, o que o induz fortemente a realizar seus desejos.

Quando uma Pombagira dá suas gargalhadas debochadas durante as suas incorporações em seus médiuns, é porque ela está captando "coisas" interiores nas pessoas, coisas essas que estão ocultas aos olhos dos outros, mas não aos dela, que pouco se importam com o que há no exterior das pessoas, uma vez que ela trabalha no interior de cada coisa que existe, inclusive no nosso!

Pelo que aqui foi revelado e comentado sobre Pombagira pela primeira vez no lado material da criação, saibam que até o estado de Exu e o de todos os outros Orixás "dependem" da "presença" de Pombagira, senão seus estados não se abririam e não abrigariam dentro deles as coisas que criaram.

O único Orixá que, só aparentemente, não depende dela é Exu Mirim, uma vez que, no estado do nada, nenhum interior existe.

– Só aparentemente, certo?

Sim, pois, até no Nada, Pombagira, por gerar e irradiar o "fator abismador", abre abismos, dentro dos quais recolhe tudo o que "desagrada" os outros Orixás.

Mas esse e muitos outros mistérios de Pombagira, no livro fundamentador dela na Umbanda, ficarão sabendo, certo?

Afinal, este é um livro fundamentador do Orixá Exu na Umbanda.

Agora, prossigamos!

12. Exu tem duas cabeças, uma no céu e outra na terra.

> Essa afirmação conceitual é uma das mais controvertidas e religiosamente inaceitáveis para a maioria das pessoas, inclusive para os umbandistas.
> As "duas cabeças" de Exu já deram muito o que falar e tanto já geraram muitas hipóteses quanto polêmicas discussões ... que não levaram a nada além de desinformar mais ainda sobre ele. As duas cabeças de Exu não se referem a cabeças realmente, e sim às suas duas polaridades magnéticas antagônicas, mas tão interligadas que uma não existe sem a outra, fato esse que faz dele um Orixá ímpar, sem outro que possa substituí-lo na criação.
> As duas cabeças de Exu são sua dupla polaridade magnética, e, caso não tenham atinado com isso, saibam que Exu é tão importante para a criação que o que denominamos polos ou lados "positivo e negativo" da criação (e de tudo o que existe dentro dela) só é possível existir porque Exu traz desde sua origem essa bipolaridade magnética e tornou o vazio neutro original em bipolar, e tudo o que passou a existir posteriormente dentro do vazio já era bipolarizado assim que começou a ter existência.
> Oxalá, ao abrir no vazio o seu mistério do espaço infinito, viu-o

ser aberto com um lado magneticamente positivo e outro lado magneticamente negativo, com ambos separados por uma faixa neutra.

O lado magneticamente positivo era claro, luminoso e irradiante, e o lado negativo era escuro, sem luz e absorvedor, magneticamente falando, certo?

Como o lado magneticamente negativo não agradou aos olhos de Oxalá, este concedeu a Exu a guarda dos seus mistérios, também magneticamente negativos.

Não confundam magnetismo negativo com coisas más ou ruins, uma vez que são coisas diferentes.

E assim, se no domínio de Exu nada subsiste pois é esvaziado e diluído, no entanto Exu é o guardião divino de metade da criação, porque, como quase tudo dentro dela é bipolar, inclusive os posteriores estados da criação, então metade da criação está sujeita aos seus mistérios, visto que é o guardião do seu lado negativo.

Como a função bipolarizadora pertence ao Orixá Exu, e como tudo o que desagrada aos Orixás é enviado por eles para o seu domínio na criação, Exu tanto pode recolher no vazio absoluto tudo o que desagrada aos Orixás e esvair e diluir o que os desagradou, como pode reter esse algo ou alguém no lado negativo da criação, do qual é guardião.

Isto o torna tão importante e fundamental para a manutenção da paz, da harmonia e do equilíbrio na criação que nenhum Orixá dispensa a presença de Exu no lado negativo dos seus estados. Isto também fundamenta a existência de um Exu específico para cada Orixá.

• Oxalá tem seu Exu.
• Ogum tem seu Exu.
• Oxóssi tem seu Exu.

E assim é com todos os Orixás, com cada um tendo o seu (ou os seus) Exu(s).

Agora, como surgem esses Exus dos Orixás, esse é um mistério também ainda não fundamentado.

Mas, em um capítulo adiante, também o fundamentaremos, certo? Agora, quanto às duas cabeças de Exu, são seus dois magnetismos (positivo e negativo), e não significa que ele possua duas cabeças, uma no céu e a outra na terra.

Quanto à associação de uma de suas cabeças à "cabaça do tempo" que o mitológico arquétipo africano carrega na cintura, ela não é uma segunda cabeça.

E quanto ao cetro fálico, também pertencente ao mítico arquétipo, também não é sua segunda cabeça, mas simboliza um dos seus mistérios, que é o da reprodução das espécies.

Enfim, são muitas as afirmações conceituais sobre Exu, a maioria delas trazida até nós por meio dos seus pontos cantados e outras pelas lendas nagôs, que foram preservadas pela transmissão oral.

Esperamos ter fundamentado alguns dos conceitos sobre Exu, assim como esperamos que releiam este capítulo para atinarem com a importância desse Orixá para a criação e encontrem os fundamentos para muitos outros conceitos sobre ele.

# Capítulo 10

# Exu, o Guardião do Lado Negativo da Criação

Comentamos no capítulo anterior que Exu, por ser possuidor de um magnetismo bipolar (positivo e negativo) e por ser em si seu estado na criação, quando Oxalá abriu dentro do vazio absoluto o estado do espaço infinito, este também se bipolarizou em dois polos ou dois lados, um positivo e irradiante e outro negativo e absorvedor.

No início, quando os seres espirituais ainda não tinham sido exteriorizados, não havia uma explicação para os estados da criação possuírem dois polos ou lados, separados ou divididos por uma faixa ou linha neutra.

Mas, quando a vida (que é Olorum) se manifestou em todo o seu esplendor para cada espécie, o Divino Criador abriu uma realidade para cada uma dentro do espaço infinito, sendo que umas ele abriu em um dos muitos estados e outras ele abriu em outros, eis que os Orixás passaram a reger sobre elas, identificando-as pelas suas regências.

Muitas espécies tiveram suas realidades abertas no lado negativo do espaço, com tantas realidades quanto as do lado positivo, e cada uma dessas realidades foram geradas pelas matrizes geradoras do Divino Criador; tudo assumiu sentido, pois, além da separação por realidades, as espécies também estavam separadas pelos magnetismos dos dois lados, mantidos afastados justamente porque ambos tanto se repeliam como eram os dois lados de uma mesma coisa.

Como os Orixás já haviam concordado em dar a guarda do lado negativo a Exu, até as realidades confiadas a eles, mas abertas nesse lado, ficaram sob a guarda dele.

Como eram muitas as realidades abertas no lado negativo da criação e como cada uma tinha sua divindade regente e todas eram regidas pelos Orixás senhores dos estados da criação, essas divindades foram nomeadas como Dominações, porque regiam os domínios dos Orixás na criação.

Essas Dominações são tantas que não é possível quantificar o número delas, mas todas são regidas pelos Orixás e seus estados na criação.

Umas são denominadas Dominações da fé (de Oxalá), outras são denominadas Dominações da lei (de Ogum), outras são denominadas Dominações do amor (de Oxum), etc.

Cada Dominação se destaca por seu fator-função principal, que a distingue das demais e a individualiza em meio a tantas Dominações semelhantes, mas não iguais.

O mesmo aconteceu no lado positivo da criação, onde cada realidade também é um domínio exclusivo em si, mas de magnetismo positivo e irradiante.

Esses domínios positivos e negativos são magneticamente opostos, porém, para cada um dos positivos há um oposto no lado negativo da criação.

Os domínios do lado positivo são cópias dos domínios do lado negativo e vice-versa. Mas os seus magnetismos são opostos e assim eles se mantêm separados e afastados, sendo que, se um lado entrar em desequilíbrio em algum dos seus aspectos, o seu correspondente no lado oposto capta-o e passa a atuar no sentido de reequilibrá-lo.

Quando o desequilíbrio acontece no lado positivo, intervêm Potências guardiãs das realidades positivas.

Quando ele acontece no lado negativo, intervêm Potências guardiãs das realidades negativas.

As Potências positivas zelam pelo equilíbrio no lado positivo da criação, e as Potências negativas zelam pelo equilíbrio no lado negativo da criação.

Se existem muitas Dominações, no entanto todas se correspondem diretamente com os Orixás, sendo que cada uma está relacionada verticalmente com um par deles, um masculino e outro feminino.

Por "dentro" de cada uma das realidades, há uma Dominação regendo a evolução da espécie abrigada dentro dela e há uma Potência guardando-a e zelando para que não aconteçam desequilíbrios que coloquem em risco a paz e a harmonia interiores.

Já, "por fora", a guarda dessas realidades ou domínios pertence ao Orixá Exu, que também possui Potências regidas pelo Vazio e que são manifestadoras "parciais" dos mistérios do Orixá Exu; são denominados como Exus guardiões de domínios da criação.

Como cada domínio é uma realidade em si e está isolado de todos os outros pelo "vazio absoluto" que envolve cada um deles, não há como os seres ou as criaturas (as espécies) que vivem dentro deles saírem e viverem em outros domínios ou realidades.

Por fora, o Orixá Exu guarda o exterior dos domínios e, por dentro, quem os guarda são as Potências regidas verticalmente pelos Orixás cujos estados na criação abrigam seus domínios nela, a criação.

Cada domínio possui duas passagens principais, sendo que uma é para a faixa neutra que separa os dois lados da criação e outra é para o estado do vazio absoluto regido pelo Orixá Exu.

Como cada domínio é guardado pelo Orixá Exu e este possui uma hierarquia de seres divinos ("seres do vazio"), estes, por terem sido gerados posteriormente na matriz geradora do vazio absoluto, também são tidos e aceitos como Exus, sendo que uns manifestam em si e de si um ou alguns mistérios do Orixá Exu e outros manifestam outro ou outros mistérios dele.

São "Exus" porque mantêm uma correspondência direta com o Orixá regente do vazio absoluto, mas estão confinados no "vazio relativo" existente nos dois lados da criação.

Se o denominamos "vazio relativo", é porque estão confinados no vazio existente no lado de fora de cada domínio ou realidade aberto no espaço infinito regido por Oxalá.

São mistérios do nosso Divino Criador que deram origem a esses domínios ou realidades, e é pela vontade d'Ele que, mesmo tendo sido abertos em um dos dois lados da criação, ainda assim estariam isolados entre si pela existência de um "vazio relativo", dentro do qual é possível a "subsistência" de tudo o que foi criado e abrigado dentro dos domínios ou realidades da vida.

No vazio absoluto nada subsiste por si só, e tudo é esvaziado e diluído. Já nos "vazios relativos" ou nos espaços parcialmente vazios, as coisas criadas "subsistem".

Esse "subsistir" é um limitador dos seres recolhidos nos "vazios relativos", porque neles não há nada que lhes permita extravasarem seus desequilíbrios, acontecidos quando viviam dentro dos seus domínios, dos quais foram "retirados" pelos seus guardiões internos e enviados para o lado de fora antes que desequilibrassem outros seres.

O procedimento é semelhante ao adotado aqui no plano material para alguém com uma doença contagiosa: é isolado do restante da população para não contaminar outras pessoas, só sendo liberado quando está curado e já não oferece risco aos demais.

No lado espiritual da vida, algo semelhante é feito quando alguém entra em profundo desequilíbrio e não é possível reequilibrá-lo só com os recursos existentes dentro do domínio onde ele vive e evolui.

O ser em desequilíbrio é atraído pelo Exu guardião do lado de fora do domínio e é retido no vazio relativo regido por ele, que começa a atuar sobre o ser em questão "esvaziando-o" das causas do seu desequilíbrio.

E, quando o ser desequilibrado é completamente esvaziado dos seus "negativismos", é neutralizado para poder começar a receber a imantação do Exu guardião que o acolheu em seu vazio relativo.

Esse processo de imantação ativado pelos Exus guardiões do lado de fora dos domínios é chamado de "exunização dos seres espirituais".

Essa exunização de um ser espiritual é lenta e gradual, ou seja, pouco a pouco o ser vai se alinhando com o Exu guardião que o acolheu em seu vazio relativo até que seja completamente "exunizado" e se torne um manifestador espiritual do mistério do seu regente Exu.

Se o ser em questão vivia e evoluía em um domínio aberto dentro do estado de Ogum, por exemplo, ele o tinha como seu ancestral divino e trazia em si a "natureza e a personalidade" arquetípica de

Ogum, natureza e personalidade que foram preservadas no íntimo do ser, mas já revestidas pela imantação absorvida do seu novo regente, que é um Exu guardião do lado de fora de um domínio da criação aberto pelo Divino Criador dentro do "estado de Ogum na criação".

No caso do Exu guardião em questão, por estar ligado vibracional e mentalmente a um domínio de Ogum na criação, "ogunizou-se" por fora, ainda que por dentro ou em seu íntimo ele tenha preservado intactas sua natureza e sua personalidade "Exu".

No caso, esse Exu guardião de um domínio regido pelo Orixá Ogum é denominado Exu Guardião de Domínio de Ogum.

Já com o ser espiritual, a natureza e a personalidade arquetípicas de Ogum foram preservadas, mas ele passou pelo processo de "exunização". Ele é denominado como espírito Ogum regido pelo Orixá Exu e é comandado pelo Exu guardião de Ogum, que o acolheu em seu domínio e o imantou com seu mistério.

O ser divino Exu guardião de um domínio de Ogum na criação "oguniza-se" por fora, mas continua Exu por dentro.

O ser espiritual regido por um dos mistérios de Ogum continua com sua natureza e sua personalidade Ogum preservadas em seu íntimo, mas, por ter sido submetido ao processo de exunização, é chamado de "Exu de Ogum".

O Mistério Exu não gera seres espirituais Oguns, mas imanta-os e "exuniza-os".

O Mistério Ogum não gera seres divinos Exus, mas imanta-os e "oguniza-os".

Tanto o Exu guardião de um domínio de Ogum quanto o ser que vivia e evoluía dentro dele, mas foi "posto para fora", são qualificados como Exus de Ogum.

Só que o guardião do domínio de Ogum é um ser divino com natureza e personalidade Exu, e o espírito exunizado é um ser espiritual com natureza e personalidade Ogum.

Ambos são denominados Exus de Ogum, só que um é divino e o outro é espiritual; um é único e está ligado vibracional e mentalmente ao domínio que guarda por fora, e o outro é só um espírito que foi enviado para o domínio do Exu guardião do domínio onde vivia, e não é único, e sim mais um que se "exunizou" e passou a fazer parte da legião do seu regente Exu.

A partir da exunização completa do ser espiritual Ogum, este passa a ter sua evolução comandada pelo Mistério Exu e ser regido pelo mistério do Exu guardião do domínio onde antes vivia e evoluía.

Como esses domínios internamente são realidades infinitas em si mesmas e abrigam "bilhões" de seres espirituais Oguns, Oxóssis, Xangôs, etc., e cada um tem o seu Exu guardião do seu lado de fora, surge o nome ou a denominação dos Exus guardiões dos Orixás.

Então temos Exus guardiões de todos os Orixás, que são seres divinos Exus "orixalizados", ou seja, que assumiram "por fora" a natureza e a personalidade do Orixá cujos domínios na criação guardam.

E temos suas legiões de espíritos regidos intimamente pelos Orixás, mas que foram "exunizados".

Os guardiões dos domínios são seres divinos com natureza e personalidade íntima Exu, mas atuam como recolhedores e esvaziadores de tudo e de todos que "desagradam" os Orixás, e por isso são denominados Exus guardiões dos Domínios dos Orixás.

Eles sempre foram, são e serão Exus. Já os seres espirituais exunizados, por trazer em seus íntimos a natureza e a personalidade do Orixá regente do estado da criação que abriga o domínio onde vivam e evoluíam, são denominados Exus guardiões dos mistérios dos Orixás. Em seus íntimos, tanto a natureza e a personalidade quanto o mistério que o regia antes permanecem intactos e preservados, estando à espera de uma oportunidade para voltar a fluir e manifestar-se por meio deles.

A condição Exu é permanente nos Exus guardiões de domínios que são seres divinos.

A condição de Exu dos guardiões de mistérios dos outros Orixás é transitória, justamente porque são seres espirituais. Logo, há Exus que são Exus e há espíritos que "estão" Exu. Uns são, e muitos estão na condição de Exus, certo?

Muitos dos Exus que baixam nos médiuns de Umbanda são espíritos exunizados que nunca encarnaram porque viviam e evoluíam em domínios isolados dentro dos estados da criação.

Outros são espíritos que encarnaram, humanizaram-se, desequilibraram-se, foram recolhidos ao vazio relativo do seu domínio de origem, "exunizaram-se" e agora voltaram a atuar junto aos espíritos encarnados, mas já como Exu de trabalhos espirituais que incorporam em seus médiuns e atuam em benefício das pessoas que os consultam ou que buscam seus auxílios.

Esses espíritos, quando nunca encarnaram no plano da matéria, são chamados de "naturais", e, quando já encarnaram, são chamados de "humanos".

Logo, há Exus naturais e há Exus humanos.

Cada ser espiritual, seja ele um espírito natural ou humano, tem também um correspondente à sua esquerda, que é um ser que nem é denominado espiritual natural nem humano, e sim "encantado".

Esses seres espirituais encantados Exus, eles, sim, são seres Exus na acepção do nome Exu, porque são seres encantados que trazem em seus íntimos a natureza e a personalidade do Orixá Exu. Nesses seres encantados a condição de Exu é permanente, e eles foram, são e serão sempre Exus encantados.

Com isso, não são só os outros Orixás que têm suas hereditariedades espirituais naturais ou humanas. Exu, também tem seus "filhos", que são autênticos e genuínos Exus, tanto interna quanto externamente.

A cor deles é a do chumbo ou acinzentada, e suas "peles", ou revestimento plasmático, são lisas, sem nenhum pelo ou cabelo. Seus olhos são meio oblíquos e suas orelhas são puntiformes na parte de cima.

Seus corpos são longilíneos e esbeltos, quase que esculpidos, de tão perfeitas que são suas formas. Têm os dedos mais longos e seus pés são um pouco mais compridos que os nossos.

Na realidade em que vivem, deslocam-se agilmente de um lugar para outro e não usam nenhum tipo de veste, vivendo completamente nus; isso é comum na maioria dos domínios "encantados" da criação, onde todos os seres são idênticos em tudo, como se uns fossem "clones" dos outros.

São alegres, divertidos e bem-humorados e só se tornam taciturnos quando seus correspondentes naturais ou humanos se metem em encrencas e negativam-se de tal forma que o negativismo chega até eles, afetando-os e incomodando-os. Aí voltam a atenção para o par correspondente que está encrencado e, se este for vítima, passam a enviar-lhe vibrações fortalecedoras e vitalizadoras. Porém, se for culpado pela encrenca, aí passam a enfraquecê-lo e desvitalizá-lo até que tenha seu negativismo esgotado.

Tudo isso que descrevemos acontece naturalmente por mecanismos que transcendem nossas limitadas técnicas mecânicas materiais.

Se estamos sendo vítimas, eles nos amparam e nos sustentam até que superemos as dificuldades que outros criaram para nós. Mas, se estamos criando dificuldades para os outros, aí atuam (também em nosso benefício) esgotando as causas do nosso negativismo.

A dimensão da vida ocupada por esses seres espirituais encantados Exus está localizada a um grau vibratório à nossa esquerda na escala magnética divina horizontal.

Dizemos que os Exus encantados estão um grau à nossa esquerda e são os vizinhos mais próximos que temos nas realidades da vida à esquerda da nossa.

Só raramente se deslocam da realidade em que vivem e evoluem para alguma outra, sendo que a maioria deles nunca saiu dela.

# Capítulo 11

# Os Seres Naturais Exunizados

Algo que sempre nos intrigou aqui no plano material era o fato de espíritos com uma história humana se apresentarem como Exus e, quando incorporam em seus médiuns, fazerem poderosos trabalhos de limpeza, descarrego, desobsessão, desamarração, desmagiamento, cura, etc.

Na mente de muitos ficava uma interrogação: "Como isto é possível?" Agora, com as informações que nos enviaram os espíritos transmissores de conhecimentos fundamentadores da Umbanda, finalmente temos a resposta. Vamos a ela:

Ensinaram-nos os mestres instrutores de Umbanda Sagrada que, dentro dos domínios dos Orixás na criação, existem tantos seres naturais (não encarnantes) que a nossa atual população terrestre é nada se comparada às populações que neles existem.

São centenas de bilhões de espíritos naturais que vivem e evoluem dentro dos domínios dos sagrados Orixás, e é compreensível que muitos tenham dificuldades durante suas evoluções em realidades onde não existem os recursos da reencarnação para que possam ter a memória imortal adormecida e retomar suas evoluções reencarnando.

Revelam-nos os espíritos instrutores que, ainda que sejam amparados, muitos dos que não conseguem acompanhar a evolução dos seus "grupos familiares" vão desenvolvendo no íntimo um negativismo que, quando transcende a capacidade individual de suportar "frustrações", fazem eles entrarem em profundas regressões e tornarem-se instintivos, deixando de se guiar pela razão.

Como esses seres naturais são unipolares, ou seja, são possuidores de um magnetismo mental só positivo ou só negativo, eles não têm os nossos recursos mentais reativos, que nos impelem em outras direções quando uma se fecha para nós.

Então, quando se sentem bloqueados ou paralisados e impossibilitados de prosseguir em suas evoluções, "travam" a razão e desenvolvem o instintivismo muito rapidamente, saindo do controle dos espíritos naturais mais evoluídos, que são responsáveis pelo amparo deles.

O instintivismo os isola e os afasta dos seus grupos familiares, e eles, pouco a pouco, vão se isolando de tudo e de todos, até que chega um momento que têm que ser enviados para o polo negativo do domínio onde vivem.

Esse polo negativo é onde são recolhidos e ficam isolados dos seus grupos de espíritos familiares até que voltem a agir racionalmente.

Se muitos conseguem recuperar o controle sobre o instintivismo e voltam a se conduzir pela razão, retomando suas evoluções em paz e harmonia com seus afins, no entanto uma boa parcela regride ao instintivismo puro e torna-se irreconhecível aos olhos de quem já conviveu com eles (ou elas).

A partir desse ponto, que é o do instinto puro, se inicia a ação do mistério Exu, que começa a atraí-los magneticamente para o vazio relativo existente no "lado de fora" do domínio onde viviam e evoluíam.

Quando esses seres, movidos só pelo instinto, "atravessam" as fronteiras entre dois estados da criação e "caem" nos de Exu, então começa uma ação separadora e uns vão parar em uma determinada região do vazio relativo e outros vão parar em outras, onde tem início o processo de esgotamento do negativismo no íntimo deles.

Não pensem que é um processo rápido, pois não é. Ele dura muito tempo, porque a ação natural é monitorada o tempo todo pela divindade Exu guardião do vazio relativo existente no lado de fora do domínio onde antes os seres evoluíam.

Ali, no vazio relativo, pouco a pouco todos vão passando pelo processo de esgotamento íntimo até que começam a sentir-se "vazios" em seus íntimos.

Quando são totalmente "esvaziados", os instintos exacerbados começam a ser recolhidos e adormecidos no íntimo do ser.

E quando até os instintos já não vibram mais, o ser em questão entra em um sono profundo, no qual fica adormecido por muito tempo. Durante esse adormecimento, o ser passa por um processo de esvaziamento do emocional, e, quando este é completamente neutralizado, tem início o processo de exunização.

Esse processo é lento e, durante todo ele, o ser está absorvendo uma imantação da divindade Exu guardião do domínio onde ele vivia antes.

Só quando a imantação é completada, o ser começa a receber as vibrações mentais do Exu guardião de domínio que o acolheu no seu vazio relativo.

Essas vibrações mentais divinas que o ser ainda adormecido começa a absorver irão "remodelá-lo" por completo, tanto interna quanto externamente, e serão absorvidas até que uma nova personalidade externa "aflore" e ele comece a despertar do longo sono.

E no momento em que ele desperta completamente, procede como um recém-nascido, que não sabe quem é ou onde está. Mas logo é assumido por algum "Exu mais velho", que o incorporará à sua legião e irá conduzi-lo dali em diante.

Como todos no grupo ou legião são idênticos em tudo, o ser recém-incorporado sente-se entre iguais.

Todos têm a mesma aparência, o mesmo timbre de voz, as mesmas reações ao que os agrada e ao que os desagrada e movem-se no "vazio relativo" como um "bando de espíritos", semelhantes aos bandos de aves, de leões, de cavalos, etc., com os líderes à frente e com os "mais velhos" em volta, protegendo os mais novos de algum ataque de outros bandos que também vagam no vazio relativo, que a todos abriga, em busca de novos membros.

Estabelecem uma tolerância e convivência relativa com uns bandos e desenvolvem antagonismos e inimizades com outros, os quais combatem, ou dos quais fogem se eles forem mais numerosos e fortes.

Essa vida nômade e tribal que os obriga a estarem sempre alertas desenvolve no íntimo deles algumas faculdades importantíssimas, todas ligadas ao instinto de sobrevivência.

Mas ela já não os remete de volta ao instintivismo anterior, e sim os torna ariscos, arredios, cautelosos, desconfiados, curiosos, precavidos, etc.

É o ser desenvolvendo no vazio relativo faculdades mentais que não conseguiria desenvolver quando vivia na plenitude e na exuberância dos seus domínios naturais.

Lá, por não correrem risco algum e por nada lhes faltar em momento algum, não conseguiam aguçar os sentidos e desenvolver faculdades que lhes seriam indispensáveis para poderem avançar para meios evolucionistas mais amplos em possibilidades.

Já no vazio relativo, onde falta tudo e quase nada existe, tudo começa a ter valor importantíssimo para o seu possuidor, inclusive a própria vida, que ele tem que preservar o tempo todo em um meio inóspito e aparentemente perigoso, sombrio e traiçoeiro.

Quanto tempo demora esse processo de aprendizado, não é possível quantificar, porque no vazio relativo o "fator tempo" inexiste.

Mas os bandos ou tribos desenvolvem-se, evoluem e crescem em número, chegando a ter milhares de membros.

Os muito mais velhos adquirem uma agudeza de raciocínio que os faz isolarem-se da maioria do grupo e reunirem-se à parte, como que em um conselho.

E chega um momento em que só aquilo já não os satisfaz. Nesse ponto da nova evolução, começam os "chamamentos" dos Exus encantados que atraem esses "muito mais velhos" e os levam para seus "reinos" no vazio absoluto, onde será completado o processo de exunização com o desenvolvimento de poderes inerentes ao mistério do Orixá Exu guardião do domínio no qual eles antes viviam e evoluíam.

A ida ao "vazio absoluto" faculta ao novo ser o desenvolvimento de poderes, pois no "vazio relativo" ele havia desenvolvido a força e o instinto de sobrevivência.

Mais uma vez, o fator tempo inexiste, e não há como afirmar quanto tempo o ser ali permanece. Porém, quando ele retornar ao vazio relativo que o acolheu e o amparou, já volta com o grau de Exu, e tanto se comporta como um "filho" do Orixá Exu quanto se sente um.

Então é incorporado a uma das hierarquias do Exu guardião do lado de fora do domínio, ao qual servirá fielmente dali em diante, porque seu processo de exunização foi concluído.

O ser não se lembra de quem ele já foi dentro do domínio, e sua memória está limitada aos momentos posteriores ao seu despertar, quando foi incorporado a um "bando" de seres movidos pelo instinto de sobrevivência.

Nem de como era dentro do domínio ele se lembra mais, e só tem como referencial suas lembranças "tribais".

Então, já à disposição de algum "hierarca" do Exu guardião de domínio, começa a desempenhar funções inerentes ao seu grau evolutivo dentro do Mistério Exu.

E, pouco a pouco, irá desempenhar funções cada vez mais relevantes e importantes até que, já maduro como Exu, surja a oportunidade de prestar serviços à esquerda de algum espírito natural guardião de mistérios do Orixá que o rege.

À esquerda desses guardiões de mistérios dos Orixás, os seres naturais exunizados terão a oportunidade de desenvolver novas faculdades mentais, de adquirir novos conhecimentos, de desenvolver novos poderes e de conquistar campos de atuação mais amplos e muito mais "interessantes" para eles.

Só alguns desses "seres naturais" exunizados acabam adentrando na dimensão humana da vida para assentarem-se à esquerda das pessoas cujas guardas foram confiadas ao ser natural guardião de mistérios do seu Orixá regente, que também é o regente da pessoa aqui encarnada, que está evoluindo na dimensão humana para desenvolver o magnetismo mental sétuplo.

Os seres naturais exunizados já haviam desenvolvido o magnetismo mental bipolar de Exu quando haviam estagiado no vazio absoluto e, agora, assentados à esquerda das pessoas, terão a oportunidade de desenvolver o magnetismo mental "humano", fato esse que, quando conseguido, lhes abrirá infinitas possibilidades evolutivas, inclusive a de um dia encarnar e humanizar-se nos sete sentidos da vida, quando, aí sim, adormecerão suas "memórias tribais" como Exus e começarão a desenvolver uma memória humana das suas existências imortais.

Sinteticamente, esse é o processo de exunização dos seres naturais que não conseguiram evoluir pelo "lado de dentro" da criação e tiveram que ser conduzidos para o "lado de fora" dela, senão cairiam nos domínios de Exu Mirim e seriam reduzidos ao "nada".

Quanto aos espíritos humanos que são submetidos ao processo de exunização, estes não têm suas memórias esvaziadas, mas, por elas serem neutralizadas, já não os incomodam os eventos ou acontecimentos que os marcaram profundamente e que os levaram a profundas "quedas conscienciais" e à regressão ao instintivismo puro.

O Orixá Exu rege sobre os instintos, e este é um dos seus campos de atuação em nossa vida, regulando o instintivismo primitivo e procurando ajudar os seres humanos no equilíbrio entre o instinto e a razão.

Não se justifica, senão por desconhecimento de causa, as reações negativas de muitos ao Orixá Exu e ao fato de "terem" um Exu à esquerda.

Só o desconhecimento desse Orixá leva muitos a compará-lo a um "diabo" ou a algo equivalente existente em outras religiões.

Esperamos que o nosso leitor reflita sobre o que aqui acabamos de revelar, porque, ainda que o tenhamos sintetizado, é a mais pura verdade sobre uma das muitas funções divinas do mistério de Olorum (Deus), conhecido aqui no plano material como Orixá Exu.

Que Exu abençoe a todos nós!

# Capítulo 12

# Espíritos Exunizados

Os termos exunizado e orixalizado são usados para nomearmos espíritos que desenvolveram no íntimo poderes inerentes a Exu e aos Orixás.

Os Orixás são poderes divinos manifestados por Deus e tornados sustentadores da evolução dos seres, entre muitas outras funções.

Os seres da natureza e os espíritos humanos são regidos por princípios imutáveis e estáveis que dão à criação, sempre em evolução, o ritmo e o ciclo estáveis para que cada um evolua segundo sua natureza íntima.

Entretanto, nessa evolução contínua de tudo e de todos, sempre há aqueles que, pelas mais diversas razões, regridem ou desviam-se dos seus caminhos evolutivos e seguem por atalhos cheios de perigos e de surpresas desagradáveis.

As regressões conscienciais sempre acontecem, e não há uma fórmula secreta e infalível que as impeça de ocorrer com os seres.

Mas, se assim é com a evolução dos seres e das espécies, no entanto Deus criou e manifestou poderes capazes de conter dentro de limites controláveis aqueles que regrediram.

Esses limites são as faixas vibratórias que são em si níveis vibratórios retedores da regressão consciencial dos seres, sejam eles espíritos humanos, espíritos naturais ou seres encantados da natureza.

Como essas faixas vibratórias são de um magnetismo denso e as energias que nelas circulam são "pesadíssimas", só os que regrediram conscienciamente e tornaram-se instintivistas sobrevivem nelas.

O restante passa por um processo de esgotamento energético tão intenso que se tornam "espíritos sofredores".

Essas faixas vibratórias negativas são prisões da Lei Maior que retêm os seres e paralisam suas regressões.

Os "sofredores" são o que são, e a misericórdia divina zela por eles até que surjam espíritos abnegados que os amparem, e, a partir daí, eles começam a ser libertados dos seus sofrimentos e redirecionados na senda evolucionista.

Se muitos são os espíritos sofredores, muitos também são os espíritos abnegados que se voltam para eles, socorrendo-os. Com isso, o equilíbrio se mantém no lado espiritual da vida.

Agora, com os espíritos que se tornaram instintivos, a solução é mais complexa, porque eles não são sofredores, porém se acham injustiçados ou incompreendidos e lutam para retornar à condição anterior, ainda que não exista um caminho reto que os reconduza. Principalmente porque toda queda vibratória mental implica um deslocamento para baixo e para a esquerda, mas já dentro das faixas vibratórias negativas.

Esses deslocamentos para baixo e para a esquerda acontecem a partir da onisciência divina existente na Lei Maior e na Justiça Divina, que dá a cada um segundo seu merecimento e envia cada um para junto dos seus afins.

Com isso, no aparente caos das faixas vibratórias negativas reina o mais rigoroso equilíbrio, imposto pela Lei Maior e pela Justiça Divina.

Na verdade, e a bem da verdade, cada um está onde tem que estar ou merece estar.

A emotividade pode despertar a revolta e a insatisfação com esse rigor da Lei e da Justiça, mas a razão nos esclarece e nos fornece argumentos lógicos que despertam em nosso íntimo a compreensão e a resignação.

Aqui na Terra, porque é um plano da vida sólido e neutro, pessoas boas e más têm que conviver juntas em um mesmo país, estado, cidade, bairro, rua ou casa, sem terem como alterar com o pensamento essa situação. Afinal, no plano da matéria os contrários se misturam e se chocam continuamente sem que se anulem de fato.

Mas, no lado espiritual da vida, os contrários se repelem com tanta intensidade que nele a Lei das Afinidades se impõe a partir do íntimo de cada um, e os espíritos bons se juntam em um plano, e os espíritos maus se juntam em outro, totalmente oposto.

E mesmo havendo dois planos distintos, ainda assim dentro deles existem faixas vibratórias com seus níveis e subníveis vibracionais ou conscienciais.

Nesses níveis existem reinos e nos subníveis existem domínios. E, em cada um, existem regências, ou seja, governos, tal como aqui no plano material.

Nas faixas vibratórias positivas, vivem os mais sábios, os mais racionais, os mais amorosos, os mais misericordiosos, os mais fraternos, os mais evoluídos dentro de um mesmo grupo de espíritos afins.

Nas faixas vibratórias negativas, vivem os mais astutos, os mais instintivos, os mais insensíveis, os mais cruéis, os mais inamistosos, os mais espertos dentro de um mesmo grupo de espíritos afins.

Esses reinos e domínios negativos são vigiados pelos olhos rigorosos dos Guardiões da Lei nas Trevas, que são seres armados por ela com poderes e armas temíveis e impositoras de um conformismo aceitável em se tratando de conter seres movidos unicamente pelos instintos.

Todos os Guardiões da Lei nas Trevas são seres altamente qualificados para as funções que exercem.

Nós, os espíritos humanos, só conhecemos a dimensão humana da vida e desconhecemos todas as outras dimensões, que existem e abrigam outras espécies de vida (seres e criaturas) e têm outros "meios ambientes".

Pois bem, neste vasto plano negativo da vida reinam a ordem e o equilíbrio impostos pela Lei Maior e pela Justiça Divina, ainda que aos olhos dos menos observadores reine o caos.

Nos livros de nossa autoria *Aprendiz-Sete, Guardião das Sete Encruzilhadas, Os Guardiões da Lei Divina*\* e em muitos outros da

---

\*N.E.: Todos lançados pela Madras Editora.

série "Guardiões", esse plano negativo é descrito parcial e parcimoniosamente para não chocar as pessoas mais sensíveis.

Nele reinam e dominam os seres que manifestam algum tipo de poder ou que guardam determinados mistérios em seus aspectos negativos. Nesse plano negativo reinam anjos, arcanjos, potestades negativas, etc., mas com funções inversas dos seus pares opostos positivos ou da luz, pois eles são classificados como são: guardiões das trevas da ignorância.

São seres poderosíssimos, implacáveis, e rigorosos no exercício de suas funções. Só que não se mostram aos olhos dos espíritos comuns e só prestam contas dos seus atos aos seus superiores hierárquicos.

Afinal, suas funções são terríveis, porque têm que atuar sob a irradiação de mistérios contedores e esgotadores do negativismo de seres naturais e espíritos que regrediram tanto que muitos chegam à beira da loucura.

Nesse vasto campo negativo também atua o mistério que denominamos Exu, com seus guardiões e com seus manifestadores naturais e espirituais.

Algumas de suas funções nos são conhecidas, enquanto muitas outras nos são totalmente fechadas. Porém, as poucas que já conhecemos nos dão uma ideia da sua importância e grandeza, compelindo-nos a conhecê-lo cada vez mais para lhe darmos um melhor direcionamento magístico.

Esses guardiões naturais do Mistério Exu são atratores dos espíritos e dos seres da natureza que desenvolveram o instintivismo, aos quais agregam às suas hierarquias, facilitando-lhes o reingresso na senda evolucionista.

Pouco a pouco, e sempre vigiados pelos seus guardiões, esses espíritos e seres naturais exunizados vão evoluindo e galgando graus na hierarquia, abrindo a eles novos campos de trabalhos.

Como cada espírito traz em seu íntimo a sua ancestralidade, ligada a um Orixá, vão surgindo Exus de Ogum, de Oxóssi, de Xangô, de Oxalá, de Obaluaiê, etc. Mas eles são identificados pelos mistérios regidos pelos

Orixás. Aí, temos Exus dos caminhos, das matas, do fogo, do tempo, da terra, etc., e dentro dos elementos temos um vasto simbolismo que nomeia o campo de ação de cada um deles, fazendo surgir as linhas de Exus das Porteiras, Exus das Pedras, Exus Brasa, Exus Folha Seca, etc.

# Capítulo 13

# As Linhas de Trabalhos Espirituais de Exu

Como é de conhecimento geral, os Exus de trabalhos de Umbanda identificam-se e apresentam-se com nomes simbólicos que, na falta de um amplo conhecimento sobre o simbolismo de Umbanda, são associados a elementos formadores da natureza, a bichos, a meios, a eventos, a instrumentos mágicos, etc.

– A elementos, temos:
- Exu da Pedra Preta
- Exu dos Rios
- Exu do Fogo
- Exu do Ferro, etc.

– A bichos, temos:
- Exu Pantera
- Exu Morcego
- Exu Lobo, etc.

– A meios, temos:
- Exu das Encruzilhadas
- Exu dos Caminhos
- Exu das Porteiras, etc.

– A eventos, temos:
- Exu Ventania
- Exu dos Raios
- Exu Poeira

- Exu Fagulha
- Exu Corisco, etc.

– A instrumentos mágicos, temos:
- Exu Sete Espadas
- Exu Sete Correntes
- Exu Sete Garfos
- Exu Sete Coroas
- Exu Sete Punhais, etc.

O simbolismo de Umbanda Sagrada é vastíssimo e engloba tudo o que, por analogia, pode ser associado a alguma coisa que exista no plano material, desde as coisas mais antigas até as mais modernas.

- Os nomes "elementais" os ligam aos campos da natureza e às partes da natureza associadas aos Orixás.

- Os nomes de "bichos" os associam aos Orixás por meio dos bichos de cada um.

- Os nomes dos "meios" os associam aos Orixás pelos meios regidos por eles.

- Os nomes dos eventos os associam aos eventos comandados pelos Orixás.

- Os nomes das ferramentas mágicas os associam aos instrumentos ou símbolos de poder dos Orixás.

Eles também são identificados pelos símbolos sagrados dos Orixás, tais como:
- Exu Sete Cruzes
- Exu Sete Estrelas
- Exu Sete Luas
- Exu Sete Círculos, etc.

Enfim, o simbolismo é vastíssimo e dentro de um campo da natureza regido por um Orixá há tantas coisas para nomeá-los que não temos como colocar aqui todos os nomes simbólicos dos Exus de trabalhos espirituais que se manifestam na Umbanda Sagrada.

Os Exus encantados ligados a nós não se deslocam da dimensão deles para a nossa, que é a humana, para incorporar e trabalhar para as pessoas. Não, isso eles não fazem!

A função deles na vida de um médium é dar-lhe amparo e proteção a partir da dimensão deles à esquerda da nossa, e não vir até nós para isso fazer.

Inclusive, a atuação direta desses nossos guardiões à esquerda acontece por intermédio dos espíritos exunizados assentados à nossa esquerda como Exus de trabalhos espirituais. Estes sim, por estarem dentro da dimensão humana da vida, podem atuar nos momentos mais cruciais auxiliando-nos.

# Capítulo 14

# Os Exus nas Irradiações Divinas

Como vimos no capítulo anterior, os seres espirituais exunizados desenvolvem uma nova personalidade (a de Exu) por fora, enquanto por dentro (no íntimo) conservam intacta a personalidade original (de outro Orixá).

Vimos também que, após o processo de exunização se completar, o ser espiritual é enviado de volta ao vazio relativo existente do "lado de fora" do seu domínio de origem, ainda que ele já não se lembre de mais nada sobre ele ou sobre o tempo em que vivia e evoluía.

Essa permanência de uma personalidade interior intacta determina como o ser exunizado agirá quando for colocado para executar ações sob o comando do Exu Hierarca que o acolheu em seu retorno do vazio e, posteriormente, sob o comando do seu guardião do lado de dentro do seu domínio original. Se no futuro ele for enviado à dimensão humana da vida para atuar como protetor de uma pessoa aqui no plano material, sua personalidade íntima indicará a qual Orixá ele serve.

A personalidade interior o classificará, enquanto a exterior o identificará. Assim, eles serão identificados como Exus e classificados pelo nome do Orixá que, arquetipicamente, lhe deu essa personalidade interior, porque o acolheu em seu domínio quando ainda era um ser original e foi exteriorizado por Olorum.

Além de tê-lo acolhido e amparado, o Orixá que o acolheu dentro do seu domínio o imantou e o qualificou como um ser espiritual cuja natureza e personalidade íntima são associadas às dele.

Temos na Umbanda sete irradiações divinas, que são os sete eixos eletromagnéticos divinos sustentadores do mundo manifestado e de tudo e de todos que nele existem. Como essas sete irradiações divinas são bipolarizadas e regidas por sete pares de Orixás, temos 14 estados na criação abrigando infinitas realidades e seus domínios.

As sete irradiações divinas possuem 14 polos eletromagnéticos ocupados por sete pares de Orixás, sendo que sete são de natureza e de personalidade masculinas e sete de femininas.

Em outras obras nossas, já os descrevemos e aqui só vamos mostrá-los para que entendam as classificações dos Exus na Umbanda. Recomendamos que leiam os livros de nossa autoria: *Código de Umbanda, Gênese Divina de Umbanda Sagrada, As Sete Linhas de Umbanda, Doutrina e Teologia de Umbanda Sagrada, Formulário de Consagrações Umbandistas, Tratado Geral de Umbanda, Os Arquétipos da Umbanda, Umbanda Sagrada, As Sete Linhas de Evolução e Ascensão do Espírito Humano, A Evolução dos Espíritos*, *etc., pois, aí sim, terão uma noção abrangente das sete irradiações divinas e dos seus 14 Orixás regentes.

As sete irradiações são:
- Irradiação da Fé
- Irradiação do Amor
- Irradiação do Conhecimento
- Irradiação da Justiça
- Irradiação da Lei
- Irradiação da Evolução
- Irradiação da Geração

Os seus regentes divinos são:
- Irradiação da Fé – Orixá Oxalá e Orixá Oyá-Logunan
- Irradiação do Amor – Orixá Oxum e Orixá Oxumaré
- Irradiação do Conhecimento – Orixá Oxóssi e Orixá Obá

---

*N.E.: Todos lançados pela Madras Editora.

- Irradiação da Justiça – Orixá Xangô e Orixá Egunitá
- Irradiação da Lei – Orixá Ogum e Orixá Iansã
- Irradiação da Evolução – Orixá Obaluaiê e Orixá Nanã
- Irradiação da Geração – Orixá Iemanjá e Orixá Omolu

Esses 14 Orixás são os regentes das sete irradiações divinas, identificadas na Umbanda como suas sete linhas.

E, até agora, o que todos sabíamos aqui no lado material é que existem Exus de Ogum, de Oxóssi, de Xangô, de Oxalá, de Oxumaré, etc., mas ainda não tínhamos uma noção do que isso significava além de que, se um Exu se apresentava como de Ogum, então ele atuava na irradiação de Ogum e atuava à esquerda de determinado Ogum ou Caboclo de Ogum. E assim com todos os outros Orixás.

Assim, tínhamos de identificá-los e classificá-los pelo fato de usarem nomes simbólicos e de afirmarem que atuavam na irradiação de determinado Orixá.

Mas faltava-nos a fundamentação deles, que nos explicaria por que, se todos são Exus, alguns eram de um Orixá e outros eram de outro.

Se tínhamos o básico não tínhamos o fundamental, que nos garantiria que a classificação dos Exus na Umbanda era correta, fato que, os colocaria em pé de igualdade com os Exus cujos nomes em língua iorubá os fundamentavam.

Com a abertura das funções divinas, identificadas pelos nomes dos verbos no livro de nossa autoria intitulado *Tratado Geral de Umbanda*, fundamentamos os nomes simbólicos deles, o que antes ainda não havia sido feito também.

Anteriormente nos faltava a fundamentação do Orixá Exu, dos Exus da Umbanda e dos seus nomes simbólicos. Agora já não falta nada, porque aqui já fundamentamos o Orixá Exu, os Exus guardiões de domínios, os seres espirituais naturais e os humanos exunizados, os seres Exus encantados e os Exus de trabalhos espirituais que atuam nas irradiações dos Orixás.

Assim, temos Exus que atuam na irradiação de um ou de outro Orixá e até temos os que já evoluíram tanto que atuam nas sete irradiações divinas, mas estes são um caso à parte, que comentaremos no próximo capítulo.

Então temos isto para os Exus de Umbanda:
1) Seres regidos pelo Orixá Oxalá que se tornaram instintivos, foram exunizados e hoje se apresentam como Exus de Oxalá. Exemplos:
- Exu dos Cristais ou Pedras
- Exu Sombra
- Exu Lúcifer
- Exu Rei, etc.
2) Seres regidos pelo Orixá Oxumaré que se tornaram instintivos, foram exunizados e hoje se apresentam como Exus de Oxumaré:
- Exu Cobra
3) Seres regidos por Oxóssi que se exunizaram:
- Exu das Matas
- Exu Galhada
- Exu Cipó, etc.
4) Seres regidos por Xangô que se exunizaram:
- Exu do Fogo
- Exu Brasa
- Exu Montanha, etc.
5) Seres regidos por Ogum que se exunizaram:
- Exu Tranca-Ruas
- Exu do Ferro
- Exu dos Caminhos, etc.
6) Seres regidos por Obaluaiê que se exunizaram:
- Exu Porteira
- Exu Cruzeiro
- Exu Catacumba, etc.
7) Seres regidos por Omolu que se exunizaram:
- Exu Mortalha
- Exu do Pó
- Exu da Morte, etc.
8) Seres regidos por Oyá-Logunan que se exunizaram:
- Exu do Tempo
- Exu Vira-Mundo
- Exu Vira-Tudo, etc.

9) Seres regidos por Oxum que se exunizaram:
- Exu dos Rios
- Exu das Cachoeiras
- Exu do Ouro, etc.

10) Seres regidos por Obá que se exunizaram:
- Exu da Terra
- Exu Raiz
- Exu Lagoa, etc.

11) Seres regidos por Egunitá que se exunizaram:
- Exu Fagulhas
- Exu Labareda
- Exu Fogueira, etc.

12) Seres regidos por Iansã que se exunizaram:
- Exu Ventania
- Exu Gira-Mundo
- Exu dos Raios, etc.

13) Seres regidos por Nanã Buruquê que se exunizaram:
- Exu dos Lagos
- Exu do Lodo
- Exu da Prata, etc.

14) Seres regidos por Iemanjá que se exunizaram:
- Exu do Mar
- Exu Tira-Teima
- Exu da Praia, etc.

Acima, temos apenas alguns nomes simbólicos dos "Exus dos Orixás", mas existem muitos outros.

O importante é que agora os umbandistas têm a fundamentação do porquê de eles se apresentarem como Exu deste ou daquele Orixá ou de atuarem na irradiação deles.

Essas revelações colocadas aqui e em outros livros de nossa autoria provêm dos espíritos mentores do Ritual de Umbanda Sagrada e fazem parte da fundamentação divina dessa religião, que ainda nova e que vem se servindo de conceitos mais antigos pertencentes a outras religiões, os quais, se também são verdadeiros, no entanto são delas e não nossos, certo?

# Capítulo 15

# Os Exus Sete

Já vimos no capítulo anterior que os seres exunizados atuam na irradiação dos seus ancestrais divinos porque trazem no íntimo a primeira imantação divina que receberam assim que foram exteriorizados por Deus, processo este já comentado por nós em outros livros de nossa autoria.

Também comentamos que seus nomes simbólicos os ligam às irradiações, ainda que alguns façam alusão justamente ao oposto dos Orixás, como é o caso do Exu Sombra, oposto de Oxalá, que é a luz.

Agora, o que mais vemos se manifestar dentro dos centros de Umbanda são os Exus "sete".

Esse sete significa que eles atuam nas sete irradiações divinas ao mesmo tempo e que são regidos por um mistério sétuplo.

Como exemplo de mistérios sétuplos, vamos dar só alguns e os seus significados para que entendam o que é um Exu Sete:
- Mistério das Sete Porteiras
- Mistério das Sete Espadas
- Mistério das Sete Coroas
- Mistério das Sete Covas
- Mistério das Sete Lanças
- Mistério das Sete Ondas
- Mistério dos Sete Escudos
- Mistério dos Sete Caminhos

1) Existe na criação divina o Mistério das Passagens, regido pelo Orixá Obaluaiê, que regula as passagens ou o trânsito dos es-

píritos de uma faixa vibratória para outra, de um domínio para outro, assim como de uma dimensão para outra.

As sete porteiras referem-se às passagens interdimensionais, simbolizadas pelas porteiras existentes aqui no plano material, nas quais se oferenda a um Exu Porteira.

Quanto aos que respondem pelo nome Sete Porteiras, eles regulam as passagens de dentro para fora e vice-versa, nos domínios das sete irradiações.

2) Existe na criação um mistério da Lei Maior, regido pelo Orixá Ogum, denominado Mistério das Sete Espadas Sagradas.

Este mistério simboliza um dos instrumentos da Lei: a espada, sendo carregada por todos os espíritos guardiões e seres divinos aplicadores dos princípios da Lei na vida dos seres que estão caminhando à margem dela.

As sete espadas podem ser associadas aos sete sentidos, e aí temos isto:

Espada da lei, da fé, do amor, do conhecimento, da justiça, da evolução e da geração.

Se associadas aos sete elementos formadores da natureza terrestre, temos isto:

Espada eólica, ígnea, telúrica, aquática, mineral, vegetal e cristalina.

Logo, ser um Exu Sete Espadas é ser regido por Ogum e atuar tanto na irradiação dele quanto na dos outros Orixás.

3) Mistério das Sete Coroas: existe na criação, associado aos sete Orixás ancestrais, e regula a organização das divindades em cúpulas ou mistérios divinos sustentadores dos meios e amparadores da evolução dos seres.

Sim, um estado da criação e seus domínios têm uma regência principal, mas ao "redor" desse regente estão assentados todos os outros Orixás.

Logo, ser um Exu Sete Coroas é atuar sob a regência de todos os Orixás regentes da criação, ainda que esse mistério seja regido por Oxalá.

4) Mistério das Sete Covas: existe na criação o mistério dos polos negativos dos Orixás, que têm a função de servir como uma região para onde são enviados tudo e todos que atentam contra as leis reguladoras da vida.

Nesses polos negativos estão retidos para esgotamento tudo o que é gerador de desequilíbrio.

O Mistério das Sete Covas simboliza os sete polos negativos e é regido pelo Orixá Omolu.

5) Mistério das Sete Lanças: esse mistério simboliza os sete eixos eletromagnéticos divinos sustentadores da criação, que são associados às sete irradiações divinas.

Logo, temos a lança da fé, do amor, do conhecimento, da justiça, da lei, da evolução e da geração.

Ser um Exu Sete Lanças é atuar nas sete irradiações divinas sempre visando manter o equilíbrio através dos eixos sustentadores de tudo e de todos.

O Orixá guardião desse mistério é Ogum, e seu regente é Oxalá.

6) Mistério das Sete Ondas: esse mistério simboliza as sete vibrações divinas, que são estas: vibração da fé, do amor, do conhecimento, da justiça, da lei, da evolução e da geração.

Este mistério é regido por Iansã. Atuar como Exu Sete Ondas é atuar nas sete vibrações divinas sempre visando retirar dos meios, das coisas e dos seres as vibrações negativas que os desequilibram.

7) Mistério dos Sete Escudos: esse mistério está associado aos campos de defesa que existem ao redor dos seres no lado espiritual e é regido por Ogum.

Um Exu Sete Escudos atua nas sete irradiações divinas como protetor e sentinela sempre vigiando os meios e os seres para, quando se fizer necessário, bloquear a entrada de vibrações negativas que os desequilibrariam caso entrassem nos seus campos protetores e atingissem algo ou alguém.

8) Mistério dos Sete Caminhos: esse mistério simboliza as vias evolutivas por onde transitam os espíritos, ora subindo, ora descendo, ou seja, evoluindo ou regredindo.

Ser um Exu dos Sete Caminhos é atuar nas sete irradiações sempre vigiando os que estão descendo, porque Exu protege os que estão subindo, das investidas à esquerda dos que além de estarem descendo também querem arrastar consigo quem está ligado a eles.

É um mistério regido pelo Orixá Ogum.

Aí temos algumas interpretações do simbolismo de Umbanda para os mistérios da criação e para a identificação das divindades e dos seres espirituais ligados a eles.

- As divindades os regem e/ou os guardam.
- Os Exus Sete atuam na irradiação deles e dentro dos seus campos de atuação.

Em um livro de nossa autoria, *Rituais Umbandistas*, listamos cerca de 150 mistérios que estão dentro da Umbanda. Vale a pena conhecê-los, pois, para cada um, há uma linhagem de Exus atuando nos seus campos de atuação.

# Capítulo 16

# Como Exu Atua

O Orixá Exu, por ser em si o vazio absoluto, é livre de qualquer influência das coisas existentes, uma vez que estas estão acomodadas dentro do espaço infinito regido por Oxalá.

Como Exu está do lado de fora da criação, quando os Orixás precisavam que ele esvaziasse os seus estados ou domínios, onde havia algo que os desagradava, era um problema, porque, se Exu entrava em um estado ou em um domínio, com ele entrava seu estado do vazio absoluto e, juntos, esvaziavam tudo.

Nas primeiras ações de Exu em benefício do equilíbrio dentro dos estados e dos domínios aconteceram desastres terríveis.

Oxalá refletiu muito sobre essa dificuldade surgida por causa do poder de Exu de esvaziar os seus domínios integralmente mesmo quando não era essa a intenção.

E o mesmo acontecia quando um Orixá solicitava a outro que este aplicasse o seu estado dentro do dele para resolver problemas localizados.

O estado do que entrava para ajudar tomava conta de tudo e de todos ao mesmo tempo, inclusive do estado onde havia entrado.

Após muito refletir, Oxalá encontrou a solução: um Orixá, por ser um estado em si e manifestá-lo o tempo todo, nunca poderia entrar nos domínios de outro Orixá, senão o alteraria por completo. Então, a solução era os Orixás entrarem através dos elementos que compunham o estado de cada um deles e de espíritos guardiões dos seus mistérios.

Aí houve uma classificação do que pertencia a cada um e que estava espalhado por toda a criação. Essa classificação foi tão abrangente que tudo passou a ser regido por seus poderes, com cada um deles atuando através da sua parte ou participação em algo ou em alguém.

Desde o espaço infinito de Oxalá até o "interior" de uma micropartícula, tudo foi classificado e conhecido dali em diante.

Determinado sentido era regido por um, e outro sentido era regido por outro.

Determinado minério era regido por um, e outro por outro. E a mesma classificação determinou de quem era cada coisa dali em diante.

Com cada Orixá sabendo o que lhe "pertencia" dentro dos domínios dos outros, a partir dali atuariam de acordo com suas partes dentro dos domínios dos outros.

Só que com Exu as coisas complicaram, porque, se no vazio absoluto nada subsistia, então nenhum Orixá tinha apenas partes dentro dele, e sim estados completos.

Oxalá pensou uma solução que deu origem ao mistério das oferendas feitas na natureza: criou os santuários coletivos e os individuais.

Nos santuários coletivos, posteriormente conhecidos como altares naturais, todos teriam o seu elemento ou objeto simbolizador.

Nos santuários individuais, cada um teria o seu justamente onde predominasse a sua participação.

Com a solução para a atuação dos Orixás dentro dos domínios alheios, só restava solucionar a atuação de Exu.

Esses santuários individuais, hoje os conhecemos como os pontos de forças e poderes da natureza, onde cada Orixá possui o seu e onde são cultuados, tais como: Oxum, nos rios e nas cachoeiras; Iansã, nas pedreiras; Oxóssi, nas matas; Oxalá, nos campos abertos, etc.

Então, com isso acertado, quando um Orixá precisasse atuar nos domínios alheios, só o faria a partir do seu santuário dentro deles, recolhendo tudo e todos, cujas partes que lhes pertenciam havia entrado em desequilíbrio.

Para solucionar o problema de acomodação das partes em desequilíbrio, o jeito foi recorrer a Pombagira e seu fator interiorizador, não sem antes aceitar sua exigência:

Receber algo em troca para permitir que recolhessem tudo em seus "interiores", que é um espaço ao contrário do de Oxalá, porque o dele é externo e o dela abre-se para dentro das coisas criadas.

Quanto a Exu, ficou decidido que, como os santuários eram um mistério em si, ele abriria ao redor deles um vazio relativo para que neles fossem descarregadas todas as coisas desequilibradas que já não tinham em si os meios para serem reequilibradas.

Dentro do vazio relativo elas seriam completamente esvaziadas e, posteriormente, devolvidas, já exunizadas.

Então, os santuários são assim:

Há o local em si, associado ao seu Orixá regente; há um mistério interiorizador que, às avessas, repete toda a criação exterior, porque seu interior é "elástico" e expande-se por dentro das coisas quanto for preciso sem que, por fora, as coisas sofram alterações; e há um vazio relativo ao redor deles, regido por Exu.

Há sete campos vibratórios, associados às sete irradiações divinas, e os Orixás, ao recolherem dentro dos seus santuários coisas de outros Orixás, automaticamente as retêm em seus campos e as enviam posteriormente aos campos dos outros Orixás para que cada um reequilibre a sua parte na coisa ou no ser em desequilíbrio.

Como o interior das coisas é o espaço infinito às avessas, Exu Mirim, por gerar o fator avessador, também entrou nessa solução e passou a participar do reequilíbrio das coisas desequilibradas.

Como o vazio só se torna relativo se algo existir dentro dele, Exu tem que receber alguns elementos ou "coisas" para que dentro delas seja abrigado tudo o que tiver que ser recolhido e, para não desagradá-lo, essas coisas têm que ser as que o agradam e o descontraem.

Então, para atuar recolhendo no seu vazio relativo as "coisas" em desequilíbrio ou que estivessem desequilibrando os domínios dos outros Orixás, coisas que agradam e descontraem Exu são enviadas ao vazio relativo, onde não são esvaziadas e diluídas e servem para recolher nos seus interiores tudo o que tiver que ser esvaziado.

Como os Orixás geram os elementos formadores da natureza, o que nela agrada e ajuda a descontrair Exu é usado para que ele atue. Os elementos podem ser líquidos, sólidos ou gasosos.

Então, os Orixás foram identificando dentro dos seus domínios tudo o que haviam gerado neles e que agradava e descontraía Exu e, como todos têm por dentro um interior elástico que pode se expandir ao infinito, eis que até por dentro do que o agradasse e o descontraísse Exu poderia entrar e atuar.

Então, cada um dos Orixás reservou para as atuações de Exu as partes que o agradavam e o descontraíam, e elas passaram a ser tidas como de Exu que, dentro delas, atua de dentro para fora, ou seja, às avessas!

Então, essas partes passaram a pertencer a Exu, mesmo ele não tendo participado da geração delas, porque seu estado do vazio absoluto não gera, e sim esvazia tudo e todos que toca, envolve ou penetra.

E, dali em diante, Exu passou a ter partes na criação, e seus elementos são classificados como condensadores do seu axé que são usados nas suas oferendas para que, através deles, possamos ser auxiliados, tanto com ele retirando dos nossos campos, do nosso espírito e dos nossos corpos internos tudo o que nos desagrada e nos incomoda, como nos devolvendo tudo o que nos agradava e nos satisfazia, mas que nos foi tirado contra nossa vontade.

Como a solução encontrada para Exu não poderia ser lei na criação se não se aplicasse a tudo e a todos, a solução encontrada por Oxalá foi universalizar essa solução, e daí em diante quem precisou de auxílio de outro Orixá também ficou obrigado a enviar para o santuário dele, dentro do seu domínio na natureza, uma oferenda contendo os elementos ou coisas através dos quais a ajuda seria enviada.

É por isso, por essa lei universal, que em certos casos só com a pessoa desequilibrada sendo levada ao santuário de um Orixá é possível que ela seja ajudada por ele.

Com isso, temos como lei universal que um Orixá só pode atuar em benefício de alguém se for por meio de algo que exista por si só na criação, seja uma pedra, uma folha, uma raiz, uma semente, uma vela, etc.

Inclusive, se uma oração passa a ser aceita por muitos e a existir em suas mentes, eles podem atuar através dela.

Se uma pessoa possui um tipo de mediunidade, eles podem atuar através dela, e mesmo se for médium de incorporação, eles, por intermédio dos seus manifestadores naturais, podem atuar a partir do corpo das pessoas.

Os Orixás não incorporam realmente no corpo das pessoas, mas sim a partir do interior de cada um; projetam-se para fora encobrindo completamente seus espíritos, dando a impressão de que estão "na pessoa", aos olhos dos clarividentes.

Então, temos uma lista de "coisas" que agradam e descontraem Exu, e, por meio delas, ele pode nos auxiliar, uma vez que elas vão desde certas raízes a certas sementes; desde determinados minérios até determinados cristais de rochas; desde cantos, rezas e orações até oferendas, firmezas, pontos riscados, imagens e assentamentos.

Enfim, são muitos os meios existentes à nossa disposição para que Exu nos auxilie em nossas dificuldades.

# Capítulo 17

# O Vazio Absoluto

Amigo leitor, feche os olhos, esvazie a mente de qualquer pensamento e deixe o vazio absoluto estabelecer-se em seu íntimo como um estado interior, como se nada ainda existisse no vazio em si mesmo, neutro, mas cheio de possibilidades.

Não abra os olhos, senão as possibilidades existenciais deixarão de ser abstratas e, lentamente, adquirirão formas diante de você, que, para onde olhar, verá algo.

Não pense, senão o seu pensamento inundará esse seu estado interior vazio e neutro e o preencherá de imagens, sons e formas variadas, e sua mente não parará por si só de pensar "coisas" daí em diante e só voltará a se esvaziar quando você, recorrendo ao seu autocontrole e ao seu livre-arbítrio, voltar a desejar não pensar.

Deixe que o silêncio absoluto se instale em seu íntimo e assim permaneça o maior tempo possível até que, finalmente, você tenha se desligado de fato das sensações do mundo exterior e possa se sentir realmente interiorizado nesse seu estado de vazio, neutro em si, mas cheio de possibilidades, pois, se você abrir os olhos rapidamente, eles serão penetrados pela luz, e, aos poucos, através dela, tudo à sua volta tomará forma.

Não pense, porque seu pensamento é idealizador e, na sua ação idealizadora, ele dará forma a cada pensar seu, pois não é possível haver um só pensar que não formatize algo, mesmo abstratamente.

Não fale, porque o ato de falar algo, se ininteligível, gera ruído; se melódico, forma sons harmônicos; e, se inteligível, forma sílabas e palavras nomeadoras e definidoras das coisas, mesmo das abstratas.

Não olhe, não pense e não fale, para não interferir na quietude agora existente em seu íntimo, que se encontra absolutamente vazio.

Não mova um dedo sequer, porque moverá algo (o dedo) e isto gerará um deslocamento do ar à volta dele, quebrando a neutralidade e o isolamento em seu íntimo, agora completamente vazio e neutro.

Não imagine e não intencione nada, porque a imaginação é a mãe das ideias e a intenção é mãe das ações.

Essas duas "mães" são matrizes geradoras de ideias e de intenções, que, se não forem exteriorizadas, ficarão aprisionadas em nosso íntimo e, tal como dois fetos gêmeos, começarão a se movimentar e a se mexer independentemente da nossa vontade, porque tanto as ideias quanto as intenções, após saírem do interior de suas abstratas matrizes geradoras e se abrigarem em nosso íntimo, não se aquietarão mais, a não ser que as anulemos apagando-as com os atos do não pensar, do não ver e do não falar.

Então, não abra os olhos, não pense em nada, não fale nada, não mova um dedo sequer, não deixe ideia alguma brotar em seu íntimo e não intencione nada.

Isole sua audição e, pouco a pouco, vá desligando sua mente dos sons e ruídos exteriores e interiores, pois chegará um momento em que nada mais o incomodará, porque os sons e os ruídos, mesmo os emitidos no seu ato de respirar, não serão percebidos por você.

Isole sua audição de tal forma que daí em diante tudo lhe parecerá distante e sem importância ou significado.

Agora sim!

Não _veja_, não _ouça_, não _fale_, não se _mova_, não _imagine_, não _idealize_ e não _intencione_ nada, absolutamente nada.

Você finalmente se esvaziou de tudo e está neutro em relação a tudo, inclusive ao que vibra automaticamente em seu ser, como a respiração, as batidas do seu coração e o funcionar dos órgãos e das glândulas.

Agora, nesse estado, vá anulando todas as sensações, sejam as de alegria, de tristeza, de angústia, de ansiedade, de frustração, de desânimo, etc., até chegar um momento em que nada mais sinta, e, ainda que continue a ser você mesmo, já não perceba mais nada em si e à sua volta.

Nesse estado, você não vê, não ouve, não fala, não pensa, não imagina, não idealiza, não intenciona, não sente e não percebe nada.

Você, nesse estado, aquietou-se completamente e desligou-se de tudo e de todos, tanto externa quanto internamente. Já não tem noção nem de si mesmo!

Você, abstratamente, deixou de existir ainda que concretamente esteja no meio de tudo.

Esse ato de esvaziamento e de desligamento total com tudo e com todos não produz nada, nem a noção de onde você possa estar ou de quem você seja, e menos ainda do que possa existir ou sequer que exista algo. Você está no vazio absoluto!

Você existe, é algo e alguém concreto e palpável, mas não vê, não ouve, não pensa, não sente, não fala, não percebe, não imagina, não idealiza e não intenciona nada, absolutamente nada!

Ver, ouvir, pensar, sentir, falar, perceber, imaginar, idealizar e intencionar nos induz a crer que tanto existimos quanto tudo à nossa volta também tem existência.

Já a inexistência dessas faculdades nos leva ao vazio absoluto, porque, ainda que não tenhamos noção de nós e de nada mais, continuamos a existir.

Imagine o estado de alguém nessas condições, pois, por nós mesmos, é impossível alcançarmos esse estado de esvaziamento total do nosso ser.

Podemos nos privar de uma ou de algumas dessas faculdades, mas não de todas ao mesmo tempo.

Isso é algo impossível de ser conseguido por alguém por conta própria, só com o auxílio de uma força ou poder superior isto é possível de ser feito por alguém.

Mas só uma força ou um poder muito grande conseguiria tal proeza, anulando faculdades abstratas e preservando o que há de concreto no ser em questão e que, justamente, o torna um indivíduo e não algo abstrato.

Somos algo concreto e individualizado em seres. Somos espíritos! Mas nossas faculdades são abstratas.

Ao nosso espírito, não somos capazes de anular, porque ele nos individualizou, mas essa nossa individualização só é percebida por nós em razão da existência dessas nossas faculdades, que, se forem anuladas em nós, deixamos de ter noção de tudo e de todos e até de nossa própria existência, ainda que continuemos a respirar e que nosso coração continue a bater.

Aqui apresentamos uma ideia aproximada do primeiro estado da criação, que é o vazio absoluto. Como quem entra nele fica nessa condição que descrevemos, o estado regido por Exu é importantíssimo para Deus, porque não são poucos os seres espirituais que, por causa de desequilíbrios profundos que se concretizaram em seus íntimos como estado de consciência e espírito, só passando por um esvaziamento total de suas faculdades e o desenvolvimento de um novo estado, já neutro mas dotado de uma bipolaridade, começarão a devolver-lhe gradativamente as suas faculdades.

No vazio relativo é possível esvaziar algumas faculdades que se desequilibraram em função do mau uso dado a elas pelos seres.

Mas, quando o desequilíbrio se generaliza e o ser espiritual desenvolve em seu íntimo um estado de espírito totalmente desequilibrado, aí só com ele sendo levado ao vazio absoluto, essa personalidade será anulada por completo e uma nova começará a desenvolver-se no íntimo do ser e, pouco a pouco, irá cristalizando-se até que, voltando a ver, ouvir, sentir, etc., o ser dê sinais de querer voltar à vida, a sentir-se e a voltar-se para o seu exterior, desenvolvendo novamente a noção das coisas.

Essa função de Exu na criação é pouco conhecida pelos umbandistas; o que sabem é que espíritos humanos que tiveram uma vida no plano material hoje se dizem Exus e tanto se apresentam quanto atuam como Exus.

Um diz ter sido um grande governante aqui no plano material, mas que agora é o Exu tal. Outro diz ter sido uma pessoa comum, mas que vivenciou eventos terríveis, que sofreu uma grande queda, que passou por uma profunda regressão, mas que, agora sim, voltou como Exu, pronto para resgatar seus débitos, reparar seus erros e ajudar as pessoas.

Cada um tem a sua biografia ou história de vida, mas ela é coisa do passado e o que lhe interessa é ser útil aos outros.

Algumas histórias de vida são comoventes e outras nem tanto, porém todos afirmam querer ajudar e evoluir, mesmo sendo um Exu.

Como ainda não era um conhecimento aberto ao plano material, todos sabiam que eram espíritos humanos com histórias próprias, mas que se manifestavam na irradiação do Orixá Exu, sempre se identificando por nomes simbólicos e coletivos, designadores de grandes correntes espirituais.

Aos olhos dos videntes, todos os Exus Tranca-Ruas são iguais na aparência; todos os Exus Sete Encruzilhadas são iguais na aparência, todos os Exus das Matas são iguais na aparência. E o único diferenciador está no fato de uns serem mais evoluídos e outros menos, isso dentro de uma mesma linhagem ou corrente espiritual.

Só se sabia isso realmente até agora sobre os Exus na e da Umbanda. A partir de agora, esperamos que a mudança "interior" sobre o Orixá Exu, sobre sua grandeza divina e importância fundamental e insubstituível na criação e para Deus faça com que ele não seja visto mais como um Orixá inferior aos outros ou à parte deles e da própria criação.

Exu é o último recurso da Lei Maior e da Justiça Divina para resgatar os seres espirituais dos seus profundos e irrecuperáveis estados de espírito desequilibradíssimos e já sem volta ao estado anterior.

Exu é o último recurso que separa os seres espirituais do nada total, onde não só as faculdades são anuladas, como também o espírito se dissolve por completo.

Esse "plano do nada" é regido pelo Orixá Exu Mirim e é o estado anterior da criação, onde só existia Deus e nada mais.

Imaginem isto:

Os pais e os irmãos de alguém que enlouqueceu e perdeu totalmente o controle de suas faculdades mentais fazem de tudo para curá-lo e devolver-lhe o equilíbrio. Mas, quando não conseguem isso e o ser em questão foge ao controle, tornando-se perigoso e uma ameaça a tudo e a todos, só lhes restam algumas opções.

A primeira é interná-lo em uma instituição de isolamento total, porque nem visitá-lo poderão, senão serão agredidos.

A segunda é pô-lo para fora de casa, largá-lo na rua e à própria sorte, onde morrerá de fome ou será agredido e até morto por alguém que se sentir ameaçado e em risco de vida.

Isto, o enlouquecimento, está acontecendo a todo instante com alguém em algum "lugar" da criação, e não só aqui no plano material com pessoas.

A criação divina tem vários planos, e neles existem infinitas realidades espirituais da vida hiper-habitadas, onde casos de desequilíbrios profundos acontecem o tempo todo com tantos seres espirituais, que ou são recolhidos no vazio relativo delas para um esvaziamento parcial das faculdades já desequilibradas, ou são enviados para o vazio absoluto, isto não sem antes terem sido recolhidos ao que denominamos como polos negativos dos Orixás, regidos por seus opostos-complementares, não nomeados, que os acolhem e que fazem tudo o que está ao alcance para reequilibrá-los e devolvê-los à convivência com suas "famílias espirituais".

Quando isso não é possível e o ser espiritual entra em regressão consciencial e faz aflorar os instintos básicos de sobrevivência, é hora de enviá-lo ao vazio relativo, onde, caso recupere o domínio sobre algumas faculdades, não consegue sobre todas e retorna ao seu meio como "deficiente mental", estado esse que não só não o ajudará em sua evolução, como ele, cercado de cuidados pelos seus espíritos familiares, também os paralisará, porque não poderão seguir adiante, galgando novos estágios evolucionistas, onde seu filho "deficiente mental" não pode entrar, porque a "deficiência" só se acentuará ainda mais.

Esses seres espirituais que foram esvaziados de algumas faculdades voltam às suas famílias, mas paralisa-as, evolutivamente falando.

Já os que são enviados para o vazio absoluto e são esgotados de todas as suas faculdades mentais, a partir do vazio absoluto que se instala no seu íntimo, pouco a pouco vão desenvolvendo uma nova personalidade, que é a de Exu, e ela vai abrindo lentamente novas faculdades mentais, associadas aos mistérios do vazio e regidas pelo Orixá que os acolheu em seu domínio na criação, pois era o último recurso que lhes restava

As faculdades mentais regidas por Exu são diferentes das regidas por Oxalá, por Ogum, por Oxum, por Iemanjá, etc., e só Exu tem a chave (ou vibração) que as abre no mental e no íntimo dos seres.

Na criação, em todos os seus níveis, o que um Orixá faz só ele é capaz de fazer, e não há outro que o substitua.

Como Exu, que também é um Orixá; não há como substituí-lo em suas funções divinas, naturais e espirituais.

Exu, por "localizar-se" nos limites do tudo com o nada, recolhe o ser espiritual já sem condições de recuperar seu estado de espírito e sua personalidade anteriores e originais. Então, o ser estaciona no vazio absoluto, exuniza-se e retorna para o todo como mais um ser espiritual exunizado, ou então é atraído pelo magnetismo mental do Orixá Exu Mirim, que rege sobre o "plano do nada", onde tudo e todos que entram nele são reduzidos ao "nada", à inexistência absoluta de qualquer coisa, inclusive do vazio absoluto. E aí é o fim da existência do ser, que dali se reintegra a Deus, não mais como um espírito, mas sim como uma consciência vazia e adormecida.

Esperamos ter sido concisos e precisos ao descrevermos a importância do estado do vazio absoluto e do seu regente divino, que é o Orixá Exu, para a criação e para o Divino Criador Olorum, o senhor nosso Deus.

# Capítulo 18

# O Polo Neutro de Exu

Exu, como já vimos, é tripolar, porque além do polo positivo e do negativo, há uma faixa neutra, que os divide, e esta é chamada de polo neutro.

Assim, ao nos referirmos a ele como tripolar, é porque ele tem um lado positivo, um negativo e um meio neutro.

Logo, a importância de Exu para a criação é tão grande que vemos sua "onipresença" até nos átomos, que são formados por três tipos de partículas: próton, nêutron e elétron.

• O próton, por ser estável, associamo-lo ao polo positivo de Exu.
• O nêutron, por ser neutro, associamo-lo ao polo neutro de Exu.
• O elétron, por ser instável, associamo-lo ao polo negativo de Exu.

Assim, essa qualidade de Exu está no macro, no espaço infinito de Oxalá, que é tripolarizado e que criou um lado positivo, um lado negativo e uma faixa neutra separando os lados, fato esse que originou as sete faixas vibratórias positivas e as sete negativas, separadas por uma faixa neutra, onde tudo e todos se encontram. E também está no micro, pois o átomo é a unidade básica da matéria.

Indo um pouco mais longe, no campo das micropartículas observamos que até entre as que formam o "mundo infinitesimal", há partículas positivas e negativas que, quando colidem, se anulam ou se transmutam.

Essa "onipresença" da propriedade tripolarizadora de Exu vem desde a menor partícula da criação, que são os "fatores de Deus", e chega até os maiores corpos celestes, possuidores de propriedades que os conservam em órbitas estáveis ao redor do corpo celeste central, geralmente uma estrela.

Comentar leis mecânicas da Física não é nosso objetivo, e sim fundamentar Exu até esse ponto da criação, que é o universo material.

Todas as doutrinas religiosas organizadas, já muito antigas, revelam a existência das faixas vibratórias positivas e as negativas, separadas por uma faixa neutra, usada para abrigar este meio espiritual que nos envolve por completo, ainda que estejamos vivendo no lado material da criação.

Esta tripolaridade, que é uma propriedade do Orixá Exu, distingue-o e o torna presente em tudo o que existe, fundamentando-o de vez na Umbanda e qualificando-o como tão importante quanto todos os outros Orixás.

Realmente! Sem Exu não se faria nada.

Justamente por ser neutro em seu estado original do vazio absoluto e por ter dois polos magnéticos mentais (as suas duas cabeças) que o tornam controvertido, porque o tempo ensinou a muitos que o polo negativo dele retira as coisas de dentro dos outros estados da criação e o polo positivo devolve as coisas que foram tiradas.

Na criação divina, essa bipolaridade é utilíssima, porque retirar as coisas que estão causando desequilíbrio, para esvaziá-las dos seus negativismos, neutralizá-las, reimantá-las, positivá-las e devolvê-las aos meios, é uma ação divina imprescindível para a manutenção da paz, da harmonia e do equilíbrio na criação.

Como tudo que há e/ou acontece no lado divino da criação também se repete no lado natural e no lado espiritual, Exu e sua tripolaridade também se faz presente entre os espíritos naturais e os humanos.

Com o passar do tempo e com o início do culto ao Orixá Exu, pessoas foram recebendo informações sobre ele, e chegou um momento em que essa tripolaridade foi interpretada como sendo Exu capaz de tirar e de devolver as coisas.

No princípio, quando alguém sentia que havia perdido algo (paz, equilíbrio, harmonia interior, saúde, amigos, prosperidade, fartura, abundância, posses, poderes, etc.), recorria a Exu, e, na maioria dos casos, ele resolvia tudo a contento, apenas falhando em um caso ou outro, porque ali eram outros Orixás que deveriam atuar.

O poder de Exu impressionava até seus cultuadores mais céticos ou contrários a transferir para as divindades a solução de problemas tipicamente terrenos ou humanos.

Assim, Exu conquistou uma legião incontável de adoradores que o tinham na mais alta estima, isto há milênios, bem no centro da África, em uma vasta região ocupada por vários povos, comumente chamados aqui no Brasil de "nagôs" ou "iorubás" (da língua iorubá).

Mas alguém, inspirado sabe-se lá por quem, deduziu que se o polo negativo servia para retirar e o polo positivo para devolver, então, invertendo suas funções naturais na criação e ativando-o de forma invertida, Exu tiraria o equilíbrio e devolveria desequilíbrio; tiraria a paz e devolveria tormentos; tiraria a saúde e devolveria doenças; tiraria a prosperidade e devolveria a miséria, etc.

Como na magia invertida tudo funciona ao contrário mesmo, foi dito e feito: Exu "funcionava" a partir de invocações e determinações, rezas e orações invertidas ou destrutivas.

Essa descoberta espalhou-se rapidamente, e pouco tempo depois era de conhecimento geral que Exu tanto podia ajudar quanto prejudicar.

Aí, em vez de ter só uma legião de pessoas que se dirigia a ele para pedir o bem para si, formou-se outra, composta por pessoas invejosas, vaidosas, prepotentes, frustradas, magoadas, iradas, etc., que passaram a invocá-lo e oferendá-lo com propósitos mesquinhos, nocivos e destrutivos.

Ao longo do tempo, cristalizou-se na mente de muitos que Exu tanto ajuda quanto atrapalha, e esse mesmo tempo tornou-o um Orixá temido, evitado e odiado por muitos, sendo que só uns poucos identificaram os verdadeiros responsáveis por esse desvirtuamento de um mistério da criação e pela inversão e distorção de suas funções na vida dos seres: foram os seres humanos desequilibrados.

Quem desvirtuou, inverteu e distorceu Exu foram as pessoas que, conhecendo a magia dos opostos, também chamada de magia negativa ou magia negra, passaram a se servir de um mistério neutro na sua origem para, com seu magnetismo tripolar ativado de forma invertida, poder acertar suas contas pessoais com seus semelhantes aqui na Terra.

Fora da dimensão espiritual humana, em seus dois lados (o material e o espiritual) Exu continua sendo o que é, foi e sempre será: um mistério tripolar com funções muito bem definidas e indispensáveis à manutenção da paz, da harmonia e do equilíbrio na criação.

Mas aqui, no nosso lado material da vida, não tem mais jeito, e Exu continuará sendo visto como um Orixá que tanto pode ajudar quanto atrapalhar a vida das pessoas.

Infelizmente sempre haverá aqueles que sucumbirão ao negativismo consciencial e se servirão do Mistério Exu para acertar suas pendências ou para realizar suas vinganças pessoais.

Mas Exu, neutro e impassível, assiste a tudo anota e, de vez em quando, envia o seu já repetitivo alerta:

" Quem me invocar num ato de amor, por mim será amado. Mas quem me invocar num ato de ódio, por mim será odiado!"

Que cada um recolha em seu íntimo o que gerar de si. Quem gerar amor recolherá amores, quem gerar dor recolherá dores!

Esta é a lei da vida, esta é a lei que rege Exu!

# Capítulo 19

# Exu e Seus Muitos Campos de Ação

O Orixá Exu, por criar um vazio relativo ao redor de tudo o que existe, está ao redor de tudo e de todos como um vazio neutro que não ajuda nem prejudica, e sim serve para manter e preservar a individualidade de cada coisa criada.

Nesse vazio relativo podem ser recolhidas muitas coisas que, se internalizadas pelos seres, os afetariam de tal forma que se degenerariam por completo.

Na criação não existem dois espaços, um positivo e outro negativo, mais sim dois campos de polaridades opostas, que ocupam ou estão ocupando o mesmo lugar na criação.

Não há um plano positivo "em cima" e um plano negativo "embaixo" de nós. Ambos ocupam o mesmo espaço e são em si os dois estados de uma mesma coisa: o espaço infinito!

Logo, estamos dentro dos dois, mas por também possuirmos um magnetismo mental tripolar, em equilíbrio, estamos na faixa neutra da criação.

Agora, caso nos positivemos, desenvolvendo em nosso íntimo sentimentos classificados como positivos, mesmo estando encarnados, entraremos em sintonia vibratória mental com as faixas vibratórias positivas e, de acordo com os nossos sentimentos, passaremos a captar fluxos de ondas vibratórias positivas, estimuladoras e fortalecedoras deles em nosso íntimo.

Já no oposto, o ser desenvolve em seu íntimo sentimentos negativos e entra em sintonia vibratória mental com as faixas vibratórias negativas, passando a receber fluxos de ondas vibratórias negativas, estimuladoras e fortalecedoras deles em seu íntimo.

Em ambos os casos, se não houvesse ao nosso redor um vazio neutro relativo que retém o excesso de vibrações, também aconteceria um desequilíbrio nos seres.

Isto aconteceria porque quanto maior o fluxo mais se acentuaria nos seres o positivismo ou o negativismo em seu íntimo, fugindo aos seus controles mentais.

Nas pessoas em desequilíbrio perante o Mistério Exu, isso é possível de ser observado, porque seus sentimentos recebem fluxos tão intensos que ou ela começa a se sentir um "santo salvador do mundo", se os sentimentos forem positivos, ou começa a se sentir capaz de destruir a tudo e a todos que se interpuserem ou que estão no seu caminho, se os sentimentos forem negativos.

Em ambos os casos, o desequilíbrio em relação ao Mistério Exu enfraqueceu ou quase anulou o vazio relativo existente ao redor do seu espírito, e, por causa disso, os fluxos não são "filtrados" e enfraquecidos, inundando o seu íntimo com vibrações estimuladoras e fortalecedoras do seu positivismo ou do seu negativismo.

Em pessoas com acentuado desequilíbrio em relação ao Mistério Exu, o vazio relativo à volta delas é tão vulnerável que, no campo em que atuarem, tornam-se obsessivos e fanáticos.

• Os vícios incontroláveis têm a ver com esse desequilíbrio.
• As compulsões e obsessões têm a ver com ele.
• Os mais variados tipos de fanatismos também têm a ver com ele.
• A atratividade de espíritos sofredores ou obsessores têm a ver com um acentuado enfraquecimento desse vazio neutro relativo que envolve a tudo e a todos, individualizando-os.

É por isso que quando as pessoas vão se consultar com os guias espirituais, na maioria dos casos eles atribuem seus problemas à ação de Exu em suas vidas e manda elas darem uma oferenda ao "Exu tal" para que esse manifestador do Mistério Exu fortaleça-a e livre-a dos seus tormentos e das suas perturbações espirituais.

É claro que os guias simplificam tudo e, ou dizem que o Exu das pessoas estão "fracos" (pois estão mesmo) em razão dos problemas delas, ou porque estão "devendo", ou que estão sendo "punidas" por Exu.

Eles, os guias espirituais, não estão incorporados para dar aulas de ciências espirituais, mas, no pronto-socorro, que é o trabalho espiritual de Umbanda, estão para dar os primeiros socorros.

Com isso, por desconhecimento das causas reais, muita gente atribui somente a Exu as suas desgraças e os seus sofrimentos, quando o certo seria refletirem sobre seus sentimentos, porque, com certeza, mudariam rapidamente de opinião e deixariam de imputar a outros a causa das suas dificuldades.

Esse vazio neutro relativo que envolve por fora tudo e todos é visto como uma aura escura ao redor do espírito das pessoas negativadas pela baixa qualidade dos seus sentimentos, quando ele se sobrecarrega de vibrações negativas.

Já nas pessoas positivas, como ele também se enfraquece, a aura luminosa mostra-se expandida, chegando a alcançar uns dois metros de largura, e, quanto mais racional for o positivismo delas, mais densa tornam-se suas auras luminosas, deixando de ser difusas e de se expandir ou se recolher de acordo com o "humor" delas.

Existe nos planos espirituais mais elevados da criação um grande conhecimento sobre os Orixás e sua importância para nós, os espíritos, sendo que quanto mais elevado for o plano, mais elevados são os conceitos sobre eles e maior é o respeito e a reverência dedicados a eles, os nossos pais divinos.

Isto que descrevemos aqui é a mais pura verdade e serve para que os nossos leitores e todos os cultuadores dos sagrados Orixás tenham por Exu o mesmo respeito e reverência que já dedicam aos outros Orixás.

Exu não é só "espíritos" que incorporam em médiuns e dão consultas ou trabalham em troca de uma oferenda.

Este sagrado Orixá tem tanta importância para a criação que o que aqui já comentamos e revelamos é só uma gota de água em um oceano de qualidades, atributos, atribuições e funções divinas desempenhadas simultaneamente por ele. Exu, por ser em si uma manifestação do divino criador Olorum, é onipresente, onipotente, onisciente e indispensável ao nosso equilíbrio interior por uma de suas propriedades, que é a da tripolaridade, pois em nosso espírito ela tanto está em nosso mental quanto no nosso corpo energético, mostrando-se nele, em seu lado positivo, como o corpo plasmático em si e, em seu lado negativo, como o vazio neutro relativo que nos envolve e nos protege.

Quanto ao seu polo neutro, ele está em nós como nossa capacidade de recebermos cargas negativas violentíssimas que são internalizadas nessa neutralidade, absoluta em Exu, mas nem tanto em nosso íntimo. Fato esse que, às vezes, nos faz reagir também de forma violenta ao que nos agride ou nos atormenta.

Exu é muito mais importante e fundamental para a nossa paz interior, para a nossa harmonia com a vida e para o nosso equilíbrio com o mundo em que vivemos do que imaginamos ou já sabemos.

Por Deus ser todos nós por inteiro e por Exu ser parte de Deus, Exu também está parcialmente em nós, e nós estamos por inteiro dentro de Exu, que não é um ser, mas sim uma manifestação do Divino Criador Olorum e o primeiro dos mistérios d'Ele a sair do campo das intenções e concretizar-se como o primeiro estado da criação. De tão divino que é, é capaz de conter dentro de si tudo e todos criados posteriormente nos outros estados da criação.

Mojuba, Exu!

# Capítulo 20

# Exu e os Mistérios Divinos

Ensinam-nos os espíritos mentores que, assim como Exu está presente ao redor de cada coisa que existe no mundo manifestado através do mistério do "vazio relativo" e em cada coisa por causa do seu magnetismo, ele também está presente em todos os mistérios da criação como um dos seus guardiões divinos.

Sim, porque se ele "está" ao redor e magneticamente em tudo o que foi criado, também tem de estar nos mistérios criadores, geradores, sustentadores e amparadores da criação divina.

Ele participa dando aos mistérios originais unipolares a tripolaridade e fluindo em suas ações como vazio relativo que atua do lado de fora deles. Por isso, cada mistério gerador, ao gerar algo, já o gera com um vazio neutro relativo ao seu redor e tanto no lado positivo quanto no negativo, ainda que com polaridades e finalidades opostas.

Cada domínio existente na criação possui um Exu guardião de domínio atuando no seu "lado de fora", mas assentado no vazio relativo que o envolve por fora.

Esses Orixás Exus guardiões de domínios equivalem aos seus regentes internos, também Orixás.

A equivalência nos domínios se faz necessária porque as "forças" interna e externa precisam equivaler-se para não acontecerem distorções, abalos e deformações em suas constituições internas, desequilibrando-os e tornando-os inadequados para a acomodação e evolução dos seres espirituais.

Se a força magnética externa for superior, o interior torna-se "rarefeito", e tudo fica muito "leve", desequilibrando seus movimentos. Se a força magnética interna for superior, o interior do domínio torna-se "denso" demais, e tudo fica muito "pesado", dificultando os movimentos e o deslocamento dos seres.

Comparem essas duas forças (antagônicas-complementares), pois ambas são magnéticas à gravidade do planeta Terra, que nos dá equilíbrio e estabilidade controláveis por nosso mental, regido pelo magnetismo do nosso planeta.

Os cientista e astronautas que chegaram na Lua, nosso satélite natural, cujo magnetismo e gravidade são diferentes do nosso planeta, confirmaram que tudo é mais leve lá, e que se exige menos força para se mover ou para mover algo nela.

Leis da Física não são o nosso objetivo, e se recorremos a dois comentários relacionados a ela para descrever o equilíbrio existente dentro dos domínios, que depende da existência de uma força externa equivalente, foi para que todos compreendessem que, na criação, tudo se repete desde o macro até o microcosmo, e desde o seu lado divino até os seus lados material, espiritual, natural e elemental ou energético.

Não poderia ser diferente com as regências divinas internas e externas sustentadoras do equilíbrio interno e externo dos domínios, regidos por Orixás.

Como são esses Exus guardiões que acolhem os espíritos desequilibrados regidos pelos Orixás em seus vazios relativos e, posteriormente, devolvem-nos já exunizados, como Exus de Ogum, de Oxóssi, de Xangô, etc., eles, no vazio relativo de cada domínio, são tão importantes quanto os seus regentes internos.

Sem a existência e a presença deles no lado de fora dos domínios, os espíritos naturais e os humanos cairiam diretamente no vazio absoluto e ali não resistiriam ao seu avassalador poder de esgotar tudo e todos dos seus negativismos internos, desenvolvidos quando viviam no lado de dentro dos domínios existentes na criação.

Como cada domínio é em si um mistério da criação e existem domínios puros, mistos e complexos, também existe e atuam no lado de fora deles Orixás Exu guardiões de domínios que são "puros", "mistos" ou "complexos".

- Há Exus guardiões do lado de fora de todos os planos, dos reinos e dos domínios regidos pelos Orixás, que os sustentam por dentro.
- Há Exus guardiões dos reinos elementais puros, dos mistos e dos complexos.
- Há Exus guardiões das passagens entre o lado de dentro e o lado de fora.
- Há Exus guardiões dos sete sentidos da vida.
- Há Exus guardiões dos mistérios do tempo.

Enfim, para cada mistério da criação há um Exu guardião assentado no lado de fora dele, sempre pronto para recolher no seu domínio do vazio relativo os seres que entram em desequilíbrio e para receber dentro dele todas as descargas de energias negativas emitidas pelos seres dentro dos domínios, mas que não podem permanecer ali por muito tempo.

Então, essas sobrecargas energéticas negativas são enviadas para o vazio relativo através de vórtices especiais, que as puxam, como um "buraco negro" do universo material, e que as enviam para o lado de fora.

Reduzir a ação divina de um Orixá ao pouco que já se sabe sobre ele aqui no plano material é algo que não reflete sua importância para a criação como um todo e para o nosso Divino Criador Olorum, que tem nele sua divindade mantenedora da paz, da harmonia e do equilíbrio em sua criação divina.

Vamos listar alguns Exus guardiões de mistérios da criação:

- Exu Guardião do Mistério das Sete Mãos Sagradas
- Exu Guardião do Mistério dos Sete Passos Sagrados
- Exu Guardião do Mistério dos Sete Caminhos Sagrados
- Exu Guardião do Mistério dos Sete Giros Sagrados
- Exu Guardião do Mistério dos Sete Campos Sagrados
- Exu Guardião do Mistério dos Sete Assopros Sagrados

- Exu Guardião do Mistério das Sete Passagens Sagradas.

Esses são denominados Exus Guardiões dos Movimentos, mas há muitos outros, tais como os Exus Guardiões dos Elementos:

- Exu Guardião do Mistério do Fogo
- Exu Guardião do Mistério da Terra
- Exu Guardião do Mistério do Ar
- Exu Guardião do Mistério da Água
- Exu Guardião do Mistério dos Minerais
- Exu Guardião do Mistério dos Vegetais
- Exu Guardião do Mistério dos Cristais
- Exu Guardião do Mistério dos Sete Elementos.

Também há os Exus Guardiões dos Mistérios dos Sete Sentidos da Vida, que são estes:

- Exu Guardião do Mistério da Fé
- Exu Guardião do Mistério do Amor
- Exu Guardião do Mistério do Conhecimento
- Exu Guardião do Mistério da Justiça Divina
- Exu Guardião do Mistério da Lei Maior
- Exu Guardião do Mistério da Evolução
- Exu Guardião do Mistério da Geração.

Há os Exus Guardiões dos Mistérios do Tempo, que são em número de 13 e que atuam desde o primeiro até o sétimo plano da vida.

Também existem muitos outros mistérios na criação divina, e cada um deles possui seu Exu guardião, que o guarda por fora e que está assentado ou entronado no seu domínio, denominado como domínio do vazio relativo do mistério "tal".

Como não nos é dado saber os seus nomes divinos, temos à nossa disposição a forma simbólica de identificar com qual Orixá cada um deles faz par, porque atua no lado de fora dos domínios regidos por eles, sempre em perfeito equilíbrio, harmonia e paz.

A seguir, daremos uma descrição superficial do que significa um nome simbólico e de como atua o Exu guardião do mistério identificado por ele, retirada do nosso "Curso de Magia Divina de Exu".

Senhor Exu Guardião Planetário do Mistério dos Sete Passos Sagrados da Criação do nosso Divino Criador Olorum: esse senhor Exu Guardião Planetário atua em nível multidimensional e sua função na criação é vigiar todos os passos evolucionistas dados pelos seres.

Se os seres estiverem se conduzindo com passos certos (ou corretos), não entram em seu campo de ações e não despertam nenhuma reatividade negativa.

Porém, se estiverem se movimentando no sentido de interferirem negativamente na vida alheia (inveja, vingança, ódio, perseguição, etc.), entram em seu campo de ação e desencadeiam uma reatividade do Mistério dos Sete Passos Sagrados, iniciando um processo de paralisação dos seus movimentos (ou passos) até que todos os negativismos sejam esgotados e os seres negativados sejam esvaziados do desejo de prejudicar seus semelhantes, só voltando a "caminhar" se for com passos corretos ou ações positivas e sustentadoras da evolução tanto individual quanto coletiva.

Os Sete Passos Sagrados significam o modo ou a forma de nos conduzirmos em nossos pensamentos, palavras e ações, tanto em relação a nós quanto em relação aos nossos semelhantes.

Suas hierarquias de trabalhos são formadas por seres naturais Exu, e suas ações paralisam e redirecionam os "passos" de todos os seres em desequilíbrio.

Na verdade, os "passos" de um Orixá (no caso Exu) são desencadeadores de ações, assim como todos os seus outros movimentos na criação desencadeiam ações específicas.

A dança de um Orixá é desencadeadora de várias ações ao mesmo tempo, e, justamente por isso, o culto a eles se dá com seus médiuns dançando.

Cada Orixá tem a sua "coreografia" ou os seus "passos" na criação, e com o Orixá Exu não é diferente. Até a postura dos seus manifestadores espirituais, quando incorporados nos seus médiuns, tem relação com os mistérios sagrados, assim como a postura dos espíritos que atuam na irradiação dos outros Orixás.

Não devemos ver com olhos críticos os movimentos dos guias espirituais, porque, se autorizados, eles são capazes de ajudar as pessoas necessitadas só com suas danças e seus muitos outros movimentos. Só com os pés (passos), com as mãos, com a respiração (assopros), com os giros horários e anti-horários, etc., eles desencadeiam ações poderosíssimas, reequilibradoras e reordenadoras da vida dos necessitados.

Quanto aos que não foram iniciados perante os Orixás, devem limitar-se a se beneficiar com os iniciados e não devem imitá-los, porque despertarão a reatividade natural do Mistérios dos Sete Passos Sagrados, que atingirá os pés (as locomoções) dos profanadores.

Saber que um mistério existe e que pode ser ativado magisticamente faz parte do nosso aprendizado, mas não dá a alguém o direito de, por imitação, ativá-lo, por não ter em si a imantação iniciatória e o magnetismo com as chaves vibratórias desencadeadoras de ações.

Só quem foi iniciado perante um senhor Exu Guardião Planetário Multidimensional e Multivibracional tem em si as chaves desencadeadoras de suas ações mágicas, e tudo o que houver de negativo com os necessitados será recolhido nos domínios do sagrado Orixá Exu, que rege o vazio.

Ao vazio é enviado tudo o que houver de negativo, e isto é feito com um mago iniciado dando os passos recolhedores de negativismos e de negatividades.

Os passos restituidores devolvem à pessoa beneficiada o que lhe foi retirado por meio de magias negativas. Cada passo faz uma ação, e eles só podem ser dados por quem foi iniciado perante o senhor Exu Guardião Planetário do Mistério dos Sete Passos Sagrados da Criação.

# Capítulo 21

# As Hierarquias de Exu na Umbanda

Comentamos no capítulo anterior sobre a existência de 21 Exus guardiões de domínios na criação e de um Exu guardião dos 13 Mistérios do Tempo.

Esses Exus guardiões são em si mistérios divinos de alcance ilimitado, porque seus poderes e seus campos de atuação não estão limitados por nossa crença religiosa ou por uma religião que só exista aqui no nosso planeta.

Quando falamos sobre a existência de um Orixá Exu Guardião dos Mistérios da Fé, estamos nos referindo a um poder divino que atua "por fora" sobre o Mistério da Fé e sobre a religiosidade de todos os seres, quer eles vivam no nosso planeta em seu lado material ou onde mais houver vida neste nosso universo com mais de cem bilhões de estrelas e seus sistemas planetários.

- Quer os seres vivam no lado espiritual da Terra ou no de qualquer outro planeta.
- Quer os seres vivam no lado elemental da Terra ou no de qualquer outro planeta.
- Quer os seres vivam no lado natural da terra ou no de qualquer outro planeta.

Esses "lados" são planos da criação que existem por si só e formam meios da vida em paralelo com o lado material, que, pelo menos aos nossos olhos, se mostra infinito.

Cada plano, aqui nomeado como material, espiritual, elemental e natural, abriga dentro de si tantas criações e tantas criaturas e são tão complexos e imensuráveis que os chamamos de planos infinitos em si mesmos.

E cada um contém tantas "coisas" que não temos como classificá-los senão como mistérios em si mesmos.

Se os denominamos como planos é porque também obedecem ao mistério das "duas cabeças de Exu", ou seja, são constituídos de um lado positivo, um negativo e uma faixa neutra que os separa.

Como esses planos são paralelos entre si na escala vibratória divina, cada um vibra em um grau diferente e, ainda que todos ocupem lugar dentro do mesmo espaço infinito, cada um é um mistério em si e não interfere em nada nos outros.

Descrevê-los como uma pilha de folhas de papel ou de chapas de madeira não é correto, porque não ocupariam o mesmo lugar, uma vez que dois corpos não ocupam o mesmo espaço.

Esses planos não são corpos, e sim, graus vibratórios diferentes que, tal como as programações dos canais de televisão, fluem através de ondas pelo mesmo espaço sem que uma interfira na outras.

No caso dos canais de televisão, todas as programações fluem pelo mesmo espaço, e os aparelhos de televisão as captam, as decodificam e as retransmitem dentro dos nossos lares; assim, sem sairmos deles, podemos mudar de canal, porque todas as ondas retransmissoras estão passando pelo mesmo lugar.

Os planos a que nos referimos não ocupam espaços diferentes porque só há um espaço infinito e cada plano é um "estado das coisas" em si mesmo, com todos ocupando o mesmo espaço, mas em graus magnéticos e vibratórios diferentes.

A energia viva e divina emanada por Deus é uma só, mas, ao ser emanada em um grau, nós a vemos como ígnea; emanada em outro grau, nós a vemos como eólica; em outro grau, nós a vemos como telúrica; em outro grau, nós a vemos como aquática, etc.

Como Deus é um só, "tudo" é a mesma coisa, mas como cada coisa vibra em um grau diferente, o mesmo universo físico, que nos é visível, também existe em um grau vibratório magnético que se mostra "ígneo", e tudo o que nele existe está em chamas ou incandescido.

Já no grau vibratório e magnético "aquático", tudo que existe se mostra como feito de água.

E assim é com todos os graus vibratórios magnéticos da escala divina, sendo que nela existem muitos graus vibratórios.

A mesma energia viva e divina original emanada por Deus, emanada em graus vibratórios diferentes, deu origem a tantas coisas aparentemente diferentes, mas todas obedecendo ao mesmo princípio criador-gerador do Divino Criador Olorum.

Assim, surgem "meios" ou planos da vida, infinitos em si mesmos, mas com todos acomodados dentro do mesmo espaço infinito, aberto por Olorum quando manifestou seu Orixá Oxalá dentro do vazio absoluto, que começou a existir quando Exu foi manifestado por Ele.

Como todos os planos ocupam o mesmo espaço infinito, porém em graus vibratórios diferentes, todos estão dentro do vazio absoluto de Exu. E todos, por estarem dentro do vazio absoluto, têm "ao redor" ou do seu lado de fora um vazio relativo, no qual também está "assentado" um "Exu guardião" de plano da vida, que nada mais é que autoemanações ou projeções do original Orixá Exu, projetadas através de graus vibratórios diferentes.

Então, como projeções do Senhor do Vazio Absoluto para o lado de fora dos planos, surgem os Exus guardiões divinos dos planos da vida, sendo que em um, por ser "aquático" no seu lado de dentro e no seu lado de fora, está assentado um Exu guardião aquático.

Já no plano ígneo, o mesmo e original Exu se mostra como incandescente. E assim sucessivamente com todos os outros planos da vida.

Então, sintetizando, os sete planos da vida associados aos elementos são denominados como planos elementais e, por terem no lado de fora de cada um o mesmo e original Orixá Exu, em um se mostra como "incandescido", em outro como "aquoso", em outro como "aerado", em outro como "terroso", em outro como "mineralizado", em outro como "cristalizado" e em outro como "vegetalizado", porque absorve e retém no vazio relativo todas as descargas das sobrecargas internas e recebe, retém, esvazia e exuniza todos os seres de cada um dos planos que se desequilibraram e tiveram que ser postos para "fora";

então, em cada plano, no vazio relativo de cada um, vão surgindo as hierarquias ou linhagens de Exus elementais.

Temos isto:
- Exus Elementais do Fogo
- Exus Elementais da Água
- Exus Elementais da Terra
- Exus Elementais do Ar
- Exus Elementais dos Minerais
- Exus Elementais dos Vegetais
- Exus Elementais dos Cristais

Até aqui, estamos falando do nível macrocósmico da criação, onde tudo isso acontece, sinteticamente, como descrevemos.

E, como tudo o que acontece no macrocosmo acontece no microcosmo, eis que o nosso planeta Terra também tem seus "sete planos" elementais básicos, que vibram em um grau muito abaixo dos planos macrocósmicos e já bem próximo do grau vibratório da matéria.

Só que a esses "sete planos elementais planetários" nós os nomeamos como dimensões elementais básicas do planeta Terra.

Se as denominamos com o termo dimensão, é porque, ainda que pareçam não ter começo, meio e fim, estão acomodadas dentro dos macrocósmicos planos elementais da vida.

O nosso planeta tem suas dimensões elementais, mas todos os outros corpos celestes (planetas e estrelas) também têm suas "dimensões elementais básicas", também contidas e isoladas por fora por vazios relativos, para que não se liguem com as dos outros corpos celestes ou não interfiram nelas.

Nós as denominamos dimensões porque, "por dentro", são infinitas, não tendo começo, meio e fim. Mas "por fora", cada uma delas tem o exato tamanho dos planetas que as abrigam.

Por isso usamos o termo dimensão em nossas obras: para nomearmos as realidades ou meios da vida que não foram abertos por Olorum de dentro para fora; Ele as abriu de fora para dentro usando o Seu mistério de interiorização regido por um Orixá não nomeado na Teogonia Nagô e que, na Umbanda, recebeu o nome de Orixá Pombagira.

Como não explicamos isso em outras obras de nossa autoria, algumas pessoas contestaram o termo "dimensão", dizendo que dimensão é algo que tem "tamanho": altura, largura e comprimento.

De fato, tudo tem medidas aqui no plano matéria, aberto de dentro para fora pelo nosso Divino Criador Olorum. Mas só têm medida as "coisas" que existem no plano material, porque ele, em si, é imensurável.

Uma pessoa pode ser dimensionada, um país pode ser dimensionado, um planeta pode ser dimensionado. Mas o universo, que é um espaço infinito que contém dentro de si toda a criação em seu lado material, é imensurável. E quanto mais o universo físico se expandir, maior se mostrará o espaço infinito.

O nosso planeta pode ser dimensionado ou medido porque começou sua gênese ou construção de dentro para fora e chegou um momento que alcançou seus limites e iniciou seu processo de "cristalização" ou configuração exterior.

Já os planos espirituais internos, estes foram abertos pelo Divino Criador a partir da cristalização das energias básicas formadoras do nosso planeta (fogo, água, terra e ar) em "substâncias e matéria".

A partir da cristalização do planeta e a partir de cada elemento aqui condensado em substâncias e matéria sólida, de fora para dentro se abriram planos ou dimensões da vida específicos e intraplanetários, para que dentro deles fossem acomodados bilhões de seres elementais, que, também aqui, iniciaram seus processos evolucionistas.

Porém, enquanto nós, os espíritos humanos, evoluímos no lado de fora da matéria ou das substâncias, os seres elementais evoluem pelo lado de dentro dessas mesmas matérias e substâncias.

Portanto, quando usamos o termo dimensão, nós o fazemos fundamentado nesse mistério do nosso Divino Criador Olorum, que tanto abriu Sua criação do Seu íntimo para o Seu exterior quanto do Seu exterior para o seu íntimo, ou seja, tanto a abriu de dentro para fora quanto de fora para dentro.

Para nós, e em nossos livros, o termo dimensão se aplica corretamente porque, por dentro, elas são infinitas e imensuráveis, tendo como base o plano mais denso e mensurável da criação, que é o plano material; todas elas se projetam para Deus, que está no plano mais sutil, que é o plano divino.

Logo, por fora elas são mensuráveis e têm sim "altura, largura e comprimento". Mas, por dentro, como se estendem desde sua base elemental material até o plano divino da criação, é impossível mensurá-las por meio de qualquer recurso que já exista ou venha a ser criado por nós.

Não se consegue medir o "estado" de algo. E mesmo o termo estado é muito limitado para designar algo que transcende tudo o que possamos mensurar ou sequer imaginar e mostra-se aos nossos olhos e entendimento como um mistério do nosso Divino Criador Olorum.

Além do mais, dentro de um mesmo elemento, o mineral, por exemplo, cada espécie de minério ou de rocha está ligada a uma dimensão ou realidade da vida intraelemental.

Temos seres elementais do "ferro", do "ouro", da "prata", do "chumbo", da "pirita", do "grafite", do "molibdênio", do "mercúrio", do "alumínio", etc.

E para cada uma dessas realidades ou dimensões ou planos da vida intraelementais minerais há um Exu guardião que atua por fora delas e, no decorrer dos tempos, já acolheram tantos seres elementais minerais que se desequilibraram, que construíram gigantescas linhagens de Exus do Ferro, Exus do Ouro, Exus da Prata, Exus do Molibdênio, Exus do Mercúrio, Exus do Alumínio, etc., que são, todos eles, Exus elementais.

Se todos eles atuam como Exus a partir do vazio relativo existente ao redor ou do lado de fora dessas realidades ou dimensões ou planos da vida intraplanetários, no entanto todos estão "dentro" do Mistério Exu, que tem para cada um desses vazios relativos minerais um Exu guardião elemental mineral, criando tantas linhagens ou hierarquias de Exus elementais minerais quanto forem as espécies de minerais existentes em nosso abençoado planeta, que se é mensurável ou dimensionável por fora, por ser a base de muitos planos ou dimensões da vida abertos de fora para dentro pelo nosso Divino Criador Olorum, " é imensurável e adimensional " internamente".

Por dentro, o nosso planeta começa no seu corpo material e estende-se até Deus.

Quem tiver essa medida que a repasse para nós, por favor!

# Capítulo 22

# O que São Dimensões ou Realidades?

Nós usamos as palavras "dimensão" e "realidade" com outros significados além dos que elas têm no uso cotidiano pelas pessoas.

Dimensão, aqui e para nós, não tem o significado de altura, largura ou comprimento, e sim de um meio da vida ou um estado específico da criação criado por um Orixá cuja base sustentadora é o plano material da criação.

Para nós, a criação é constituída de vários planos, sendo que os dois localizados nos dois extremos vibratórios são estes: o plano divino e o plano material.

No plano divino, onde se encontra Deus e Suas Divindades-Mistérios, tudo é sutil e sublime, e ele se desdobra de grau em grau vibratório e magnético até que chega ao plano material, onde as ondas vibratórias divinas dão origem às substâncias, que são energias em estado de repouso.

O plano material, assim que foi "concretizado" neste nosso universo físico e denso, desdobrou-se em sentido contrário e, de plano em plano ascendente, chegou a Deus e ao plano divino da criação.

Com isso feito por Deus e pelas Suas Divindades-Mistérios (os sagrados Orixás), eis que a criação divina estava pronta e apta a abrigar dentro de seus vários planos e estados os seres, as criaturas e todas as espécies, até então em estado "embrionário" no interior de Olorum.

Em um primeiro momento, mesmo com toda a criação pronta, ainda não havia os meios para que os seres, as criaturas e as espécies fossem exteriorizados por Olorum, porque cada um precisava de um meio específico para abrigá-los e dar-lhes sustentação e amparo durante seus processos evolucionistas.

Então Olorum, que tudo gera em Si, mas que gera cada coisa em um dos seus infinitos mistérios criadores-geradores, nomeados "matrizes-geradoras", tornou cada um deles uma realidade em si mesmo e desdobrou-os até o extremo material da sua criação.

Todas as realidades de Olorum começam no "interior" dos seus mistérios criadores-geradores (as matrizes) e terminam na contraparte etérea ou espiritual desse nosso universo físico.

As "realidades da vida" ou de Olorum são exatamente isto:

Realidades são em si meios que o Divino Criador Olorum criou a partir dos Seus mistérios criacionistas ou matrizes geradoras, que se estendem desde o Seu interior até o Seu extremo exterior, que se localiza no universo material, concreto, sólido e estável que conhecemos.

Realidades são os meios da vida em seu todo (todos os seres, todas as criaturas e todas as espécies) para cumprirem o seu destino no mundo manifestado até que retornem ao interior do Divino Criador Olorum. Portanto, as realidades fluem de dentro para fora ou de Deus até nós.

Existem tantas realidades quanto forem os seres, as criaturas e as espécies criadas por Olorum. Para que entendam o que estamos revelando e descrevendo, saibam que existem realidades assim:

• Realidade aurífera: esta realidade é formada por uma energia viva e divina que, quando chega ao plano material da criação, se materializa como o minério ouro.

• Realidade diamantífera: esta realidade é formada por uma energia viva e divina que, quando chega ao plano material da criação, se materializa como cristais de diamante.

• Realidade hematífera: esta realidade é formada por uma energia viva e divina que, quando chega ao plano material da criação, se materializa como a hematita.

A realidade aurífera estende-se desde o interior de Olorum e chega ao plano da matéria como ouro e é regida pelo Orixá Oxum, que, por reger muitas outras realidades porque é uma divindade-mistério assentada no plano divino da criação, tem no ouro uma de suas propriedades divinas e gera de si e dentro da matriz geradora da realidade do ouro uma de suas divindades, conhecida por nós como Senhora Oxum do Ouro.

A Senhora Oxum do Ouro é a divindade manifestadora da propriedade aurífera de Oxum, que é em si uma divindade-mistério de Olorum. Por Oxum estar "assentada" no plano divino da criação e por ser em si parte inseparável de Olorum, nessa sua parte Ele gera seres espirituais que, quando alcançam o extremo da criação, se espiritualizam, tendo individualizam e são classificados como filhos e filhas de Oxum, tendo como Orixá de frente a Senhora Oxum do Ouro, pois foram exteriorizados através dessa "realidade aurífera".

Ter a Senhora Oxum do Ouro como Orixá de frente significa que agora o ser chegou ao extremo da criação e, a partir dele, iniciou seu retorno ao interior de Olorum, retorno que será "monitorado" por essa mãe Oxum, manifestadora de uma das qualidades de Oxum, a divindade-mistério que é em si uma das qualidades divinas do nosso Divino Criador Olorum.

O Orixá regente de um espírito sempre o exteriorizará através de uma de suas qualidades, e o Orixá regente da realidade pela qual flui a qualidade que o qualifica sempre será o Orixá monitorador da evolução ou da jornada do ser ao interior do nosso Divino Criador Olorum, e por isso é chamado por nós, os umbandistas, de Orixá de frente.

Agora, do extremo material da criação até Deus, temos as dimensões, assim chamadas porque a base sustentadora delas é justamente o lado material da criação e sua contraparte espiritual ou lado etéreo, paralelo da matéria.

As realidades abrem-se "de dentro para fora", e as dimensões abrem-se "de fora para dentro".

As realidades são imensuráveis nas suas origens, porque Olorum não é mensurável, pois não é concreto, e sim mental.

Já as dimensões, estas são imensuráveis por dentro porque se estendem desde um corpo celeste (um planeta ou uma estrela), que é a sua base material, e chegam até Olorum. Logo, são imensuráveis!

Mas, se são imensuráveis "por dentro", no entanto os corpos celestes que as originam (ou onde estão assentadas), são passíveis de serem mensurados, e as dimensões da vida que começam no planeta Terra, para nós que vivemos nele, têm o exato tamanho do nosso planeta.

Como toda dimensão tem como sua base sustentadora o plano da matéria de um planeta e abre-se para "dentro dele" como um mistério em si mesmo, é possível de ser medida por fora, mas imensurável por dentro, porque é em si um dos estados da criação assentado na matéria e se desdobra a partir dela e chega até o seu outro extremo, que é o lado ou plano divino da criação, que é em si Deus e é onde realmente estão assentados todos os sagrados Orixás.

Portanto, tanto o uso das palavras "dimensão" e "realidade" está correto em nossos livros como outros mais adequados não foram encontrados por nós, os mentores espirituais de Umbanda Sagrada.

Olorum nos gerou e nos exteriorizou através de uma de Suas realidades. Como trazemos em nosso íntimo a Sua Divindade, temos que alcançar o extremo d'Ele e iniciar nossa evolução e nossa jornada de retorno, durante a qual todas as nossas faculdades e nossas qualidades desabrocharão e, lentamente, irão nos elevando e nos conduzindo para perto d'Ele.

E quando nossas qualidades originais desabrocharem completamente e se solidificarem e se cristalizarem como estados de consciência, por elas serem qualidades divinas, nos divinizarão por completo e seremos vistos pelo Divino Criador Olorum como seus frutos divinos.

Alguns serão vistos como frutos do Seu amor, porque serão espíritos amorosos. Outros serão vistos como frutos da Sua misericórdia, porque serão espíritos misericordiosos. Outros serão vistos como frutos da Sua generosidade, porque serão vistos como espíritos generosos.

E assim sucessivamente com todos nós, frutos da vontade de Deus de ver-Se através da Sua criação.

# Capítulo 23

# A Dimensão de Exu

Como vimos no capítulo sobre dimensões e realidades, dentro do que denominamos estado do vazio absoluto regido pelo Orixá Exu, também existem realidades incontáveis, por meio das quais seres são exteriorizados pelo criador Olorum, e em cada uma delas há um ser divino denominado senhor Exu guardião do lado de fora do mistério "tal".

Como descrevemos a realidade aurífera e sua Orixá regente, a Senhora Oxum do Ouro, tomaremos como exemplo seu mistério para nomearmos um dos Orixás Exus regentes de realidades, certo?

Então temos um senhor Exu guardião do lado de fora da realidade aurífera ou dos mistérios da Senhora Oxum do Ouro, regente dos mistérios auríferos.

O Senhor Exu Guardião dos Mistérios Auríferos está assentado no "lado de fora" da realidade aurífera e atua como sustentador da evolução dos seres exteriorizados por Olorum. Ele atua a partir do vazio relativo existente no lado de fora desse domínio de Oxum na criação.

O Senhor Exu Guardião dos Mistérios Auríferos é nomeado na Umbanda como Senhor Exu do Ouro ou simplesmente como Exu da Oxum do Ouro.

Como ele rege um vazio relativo que também é uma realidade do Mistério Exu, sustenta a "descida à matéria" de seres encantados que também são nomeados como Exus do Ouro, pois aurem continuamente as energias auríferas descarregadas dentro do vazio relativo existente no lado de fora da realidade aurífera.

Esses seres Exus do Ouro, quando em suas evoluções exteriorizadoras, alcançam o lado espiritual, que é a contraparte etérea do lado material, são acolhidos em uma dimensão denominada "dimensão de Exu". Ela, vibracionalmente falando, está localizada no grau magnético à esquerda da dimensão humana da vida.

Essa escala magnética que "gradua" as dimensões planetárias naturais, em número de 77, é chamada de escala magnética horizontal, e em cada um dos seus graus está assentada uma dimensão que, se por fora tem como base o nosso planeta Terra, ainda que isoladas entre si todas, projetam para dentro da criação e chegam até Deus.

Cada uma dessas 77 dimensões planetárias naturais comporta dentro de si quantos reinos e domínios forem necessários, porque, de fora para dentro, são como o nosso Universo, infinito em si.

A dimensão de Exu não é diferente. Abriga em seu interior seres Exus associados aos elementos formadores da natureza terrestre. Por essa natureza ser formada pela materialização ou cristalização das energias divinas, e estas serem associadas aos Orixás, eles também são associados aos Orixás regentes das realidades e colocam-se a serviço (à esquerda) dos regentes dos reinos e dos domínios, onde atuam por meio do vazio relativo existente no lado de fora deles.

Assim, dentro da dimensão Exu temos reinos e domínios do Senhor Exu do Ouro; do Senhor Exu do Ferro ou da Hematita; do Senhor Exu do Diamante, etc.

Para cada elemento formador do lado material, há um reino e um domínio regido por um senhor Exu guardião dos mistérios de cada elemento.

- Exu do Ouro
- Exu da Prata
- Exu do Cobre
- Exu da Hematita
- Exu da Pirita
- Exu do Chumbo
- Exu do Mercúrio
- Exu do Alumínio, etc.

São chamados de Exus minerais ou senhores Exus guardiões dos mistérios dos Orixás regentes das realidades "minerais".

E cada um deles rege um reino e tem um domínio no lado de fora de cada um dos reinos e domínios minerais regidos no lado de dentro por Orixás associados aos elementos "minerais".

Mas há os elementos vegetais, ígneos, telúricos, eólicos, etc.

Daí surgem tantos Exus que se manifestam por meio dos seus médiuns na Umbanda, apresentando-se com seus nomes elementais ou simbólicos.

Vemos apresentações com nomes assim:
- Exu da Pedra Preta
- Exu das Sete Pedras
- Exu das Pedreiras
- Exu Sete Pedreiras
- Exu da Pedra, etc.

São muitos os nomes simbólicos existentes dentro da Umbanda que se servem dos nomes de elementos formadores da natureza terrestre, cujas fundamentações se encontram justamente nos domínios dos senhores Exus guardiões do lado de fora dos reinos e dos domínios regidos por Orixás, também identificados por nomes simbólicos, nomes esses que foram surgindo pelas incorporações de guias espirituais em muitos médiuns nesse primeiro século de existência da Umbanda.

Nenhum pôde ser identificado no exato momento em que a primeira apresentação aconteceu, porque os nomes eram aceitos naturalmente como "de Umbanda".

Ninguém pode afirmar com certeza quando surgiu o culto:
- A um Ogum Sete Pedreiras ou a um Senhor Exu Sete Pedreiras
- A um Ogum Sete Lanças ou a um Exu Sete Lanças
- A um Ogum Megê Sete Espadas ou a um Exu Sete Espadas
- A um Ogum Rompe-Matas ou a um Exu das Matas
- A uma Iansã dos Raios ou a um Exu Sete Raios.

E assim sucessivamente com todos os nomes simbólicos dos Orixás e dos Exus que foram gradativamente se apresentando na Umbanda.

Quem foi o primeiro médium de cada um desses (e de todos

os outros) Orixás que rapidamente conquistaram o respeito de todos os umbandistas e tornaram-se ícones religiosos umbandistas?

Hoje, já tendo passado um século desde o primeiro nome a apresentar-se, o do senhor Caboclo das Sete Encruzilhadas, através do fundador da Umbanda no seu plano material, que foi nosso querido e saudoso Pai Zélio Fernandino de Moraes, milhares de nomes simbólicos já se tornaram conhecidos de muitos, se não de todos os umbandistas, nomes esses cujas fundamentações encontram-se justamente nos reinos e nos domínios da criação regidos por fora pelos senhores Exus guardiões deles e regidos por dentro pelos Orixás cujos nomes simbólicos se tornaram identificadores das imensas correntes espirituais umbandistas.

Agora, todos os Exus encantados da natureza e todos os espíritos Exus, dependendo dos seus nomes, respondem a esses senhores Exus guardiões de reinos e de domínios da criação, que são mistérios do nosso criador Olorum, que os abriu de fora para dentro para que os espíritos, após completarem suas exteriorizações e iniciarem suas individualizações, tivessem meios ideais sustentados pelos sagrados Orixás para iniciarem suas evoluções rumo a Ele, o "Centro da Criação".

A dimensão regida pelo Orixá Exu, denominada dimensão dos Exus, fundamenta todos os Exus guardiões planetários e os senhores Exus guardiões dos reinos, dos domínios e dos mistérios da Criação do nosso Divino Criador Olorum.

# Capítulo 24

# Por que Assentar o Exu Guardião?

Todos os que conhecem a Umbanda e os demais cultos afro-brasileiros sabem que, antes de qualquer trabalho ser iniciado, é preciso ir até a tronqueira ou casa de Exu e firmá-lo, para que ele possa atuar por fora do espaço espiritual do templo (Tenda ou Ilê Axé), protegendo-o das investidas de hordas de espíritos "caídos" que estão atuando contra as pessoas que buscam auxílio espiritual e religioso que possa livrá-las dessas perseguições terríveis.

Para que um trabalho transcorra em paz, harmonia e equilíbrio, e para que os guias espirituais possam atuar em benefício das pessoas e trabalhar os seus problemas, é preciso que a tronqueira esteja firmada, porque assim, ativada, ela é um portal para o vazio relativo regido pelo senhor Exu guardião ligado ao Orixá de frente do médium dirigente do templo.

Um Exu guardião é assentado na tronqueira, e vários outros são "firmados" dentro dela, sendo que estes estão ligados a outros senhores Exu guardiões de reinos e de domínios regidos por outros Orixás.

Os outros não podem ser assentados, senão dois vazios relativos se abrem "ao redor" do espaço espiritual "interno" do templo, e a ação de um interfere na do outro.

Um só Exu guardião é assentado, e todos os outros só são "firmados" na tronqueira, pois, se dois forem assentados na mesma, a ação de um interferirá na ação do outro vazio relativo aberto no "lado de fora" do templo.

Assentar o Exu e a Pombagira guardiã no mesmo cômodo ou "casa da esquerda" é aceitável, porque o campo de ação dele se abre no "lado de fora" e o campo dela abre-se para dentro do "lado de dentro" do templo, criando a polarização com o campo do Exu guardião.

• O campo do Exu guardião é o vazio relativo que se abre no lado de fora do espaço espiritual interno do templo.

• O campo da Pombagira guardiã é o "abismo" que se abre para "dentro", a partir do espaço espiritual interno do templo.

• Esses dois Orixás são indispensáveis para o equilíbrio de um trabalho espiritual, porque um atua por fora e o outro atua por dentro do templo.

• Um se abre para fora, repetindo o mistério das realidades, e o outro se abre para dentro, repetindo o mistério das dimensões.

• Exu retira do "espaço infinito" tudo e todos que estiverem gerando desequilíbrio ou causando desarmonia.

• Pombagira recolhe ao âmago do espaço infinito tudo e todos que o estiverem desarmonizando.

São duas formas parecidas de atuação, mas Exu retira, e Pombagira interioriza.

Comparando o espaço infinito com um vulcão, Exu seria o ato de erupção, quando ele descarrega a imensa pressão interna. Já a ação de Pombagira, seria a das rachaduras internas, que a pressão abre dentro da crosta, nas quais correm e acumulam-se toneladas de lava vulcânica, que se acomodam e, lentamente, se resfriam e se cristalizam, gerando enormes acúmulos subterrâneos de minérios e cristais de rochas.

Exu e Pombagira são indispensáveis aos trabalhos espirituais, porque junto com os consulentes vêm todas as suas cargas energéticas e vibratórias negativas; suas cargas espirituais e elementais que sobrecarregam o espaço espiritual interno, que deve ter essas duas "válvulas" de escape funcionando em perfeita sintonia e sincronizadas com todo o trabalho que está sendo realizado pelos guias espirituais.

Se essas "válvulas" estiverem funcionando bem, o trabalho realizado não sobrecarregará os guias espirituais que trabalharam pelas pessoas. Porém, se não funcionarem corretamente, eles terão que recolher todas as sobrecargas e irem descarregando-as lentamente nos pontos de forças da natureza, mas à custa de muitos esforços.

Portanto, com isso entendido, esperamos que os umbandistas entendam o porquê de terem que firmar seu Exu e sua Pombagira antes de abrirem seus trabalhos espirituais.

Exu e Pombagira geram muitos fatores e executam muitas funções na Criação, e, em algumas dessas funções, formam linhas de trabalhos espirituais.

Eles também formam pares. Em algumas funções são complementares; em outras, são opostos; em outras, são complementares e opostos ao mesmo tempo.

Só pelas suas funções aqui já descritas, tornam-se indispensáveis à paz, à harmonia e ao equilíbrio dos trabalhos espirituais realizados pelos médiuns umbandistas, tanto os realizados dentro dos centros quanto os realizados fora dele.

Afinal, não são poucos os médiuns que, movidos pela bondade, vão até a residência de pessoas com graves problemas ou demandas para ajudá-las e, por não tomarem a precaução de firmar Exu e Pombagira antes de trabalhar para elas, ao invés de ajudá-las realmente, só pegam cargas que irão desequilibrá-los também.

Para se fazer um bom trabalho na residência de alguém, assim que chegar, deve-se ir até o quintal, riscar um ponto de Exu, colocar um copo com pinga, firmar as velas nos seus polos mágicos e invocar o Orixá Exu e o seu Exu guardião, pedindo-lhes que descarreguem todas as sobrecargas e recolham todas as demandas feitas contra os moradores da casa e até contra ela.

O mesmo deve ser feito com Pombagira para que, só então, o médium comece a trabalhar espiritualmente, porque, aí sim, todas as cargas e demandas terão por onde ser descarregadas. E mesmo as entidades negativas que tiverem de ser transportadas para que recolham suas projeções negativas virão de forma ordenada e equilibrada, não causando nenhum problema durante o trabalho.

Quando se vai com alguém na natureza para descarregá-lo, tanto o médium deve firmar suas forças em sua casa como deve, pelo menos, firmar Exu ou Pombagira no campo vibratório escolhido, para não ter contratempo algum durante o trabalho de descarrego na natureza.

São medidas indispensáveis para que um bom trabalho seja realizado e tudo transcorra em paz.

Esperamos ter conseguido transmitir os fundamentos necessários para que o ato de firmar a "esquerda" não seja mal interpretado, e sim visto como indispensável para que bons trabalhos sempre sejam realizados, tanto em benefício próprio quanto dos nossos semelhantes.

# Conclusão

Irmão na fé em nosso Pai Oxalá e amigo leitor, ainda temos muito mais para comentar sobre o sagrado Orixá Exu, mas acreditamos que os comentários aqui colocados tenham servido para fundamentar esse Orixá na Umbanda.

Também esperamos que nossos comentários sejam úteis, para que muitas coisas sobre Exu sejam esclarecidas de forma racional e sensata, facilitando a aceitação pública desse mistério dentro da Umbanda, ainda carente de uma ampla fundamentação dos seus mistérios religiosos.

Algumas iniciativas de diversos autores ajudaram, e muito, na compreensão de várias manifestações e rituais umbandistas, e é graças a eles que uma gama de informações vem sendo colocada à disposição dos interessados, ajudando-os a compreender as práticas e os rituais dessa religião tão nova e tão necessária no tempo em que vivemos, quando a natureza vai se tornando inacessível à grande maioria dos seus praticantes.

Procuramos ser criteriosos e didáticos em nossos comentários para que este livro seja de fácil assimilação, vindo a tornar um instrumento de defesa das nossas práticas, e para que também forneça ao seu leitor uma base fundamentadora forte da gênese divina, lembrando-o de que, com este livro e com o que fundamenta o Mistério Exu Mirim, demos início à fundamentação dos Orixás mais cultuados e mais conhecidos na Umbanda.

Nós temos uma raiz africana muito forte, e se os tradicionais cultos afro-brasileiros já estão fundamentados há séculos, na Umbanda muita coisa ainda precisa ser feita nesse sentido.

No livro Os Arquétipos da Umbanda já fundamentamos os guias espirituais, e no livro Rituais Umbandistas fundamentamos as oferendas, os assentamentos e as firmezas.

Aos poucos, esperamos fundamentar todos os Orixás mais cultuados e muitas das nossas práticas, que, se de início foram pouco entendidas ou adaptadas a partir de outras, anteriores e pertencentes a outros cultos, no entanto podem ser fundamentadas em uma linguagem umbandista.

Alguém sabe dizer, de verdade, quem são Ogum Rompe-Matas, Ogum Beira-Mar, Ogum Megê, Ogum Yara, Ogum Sete Ondas, Ogum Sete Lanças, etc., e como surgiu o culto desses Orixás dentro da Umbanda, se não eram conhecidos dentro dos cultos nagôs?

Alguém pode afirmar quando começou o culto a cada um deles?

Acreditamos que não existam registros que comprovem quem primeiro manifestou algum dos Orixás que foram se manifestando e construindo, no decorrer de um século, um vasto e poderoso panteão divino.

Tudo obedeceu ao que denominamos como mistério das revelações divinas: um espírito mensageiro revela a existência de determinada divindade, e inicia-se o culto a ela dali em diante.

Assim foi com os Orixás na Umbanda e com as linhas da esquerda. Portanto, a nós cabe a incumbência de fundamentá-las, e é o que faremos em livros que abordarão os mistérios umbandistas.

Meu abraço fraterno a todos!

Pai Rubens Saraceni

## Leitura Recomendada

### O Cavaleiro da Estrela Guia
### A Saga Completa

Nesse livro, é narrada a saga completa de Simas de Almoeda, ou o Cavaleiro da Estrela Guia, homem perseguido por uma terrível história e por um implacável sentimento de culpa, apesar de suas ações e realizações maravilhosas. Vários ensinamentos a respeito da realidade do "outro lado da vida" são revelados, dando ao leitor a exata dimensão dos atos humanos, colocando-o diante de situações que expressam os conflitos do homem do novo milênio, tais como religião, fé, riqueza, poder, alma.

### Guardião da Meia-Noite, O

*O Guardião da Meia-Noite* é um livro de ensinamentos éticos, envolvendo os tabus da morte e dos erros vistos sob uma nova ótica. Nova porque somente agora está sendo quebrada a resistência da ciência oficial, mas que é, realmente, muito antiga, anterior aos dogmas que insistem em explicar tudo pela razão extraída nos laboratórios.

### Código da Escrita Mágica Simbólica, O

*O Código da Escrita Mágica Simbólica* é mais uma obra do Mestre Mago Iniciador Rubens Saraceni, que traz ao leitor uma fonte de estudos e práticas da Magia Divina, a qual está em afinidade com a Vida, a Lei Maior e a Justiça Divina. Tendo em vista o seu caráter Divino e sustentador da vida e dos seus meios de fluir, A Magia Divina é um refreador poderoso de todas as formas de "Magia Negativa". Essa Arte se adapta a todas as práticas espiritualísticas, terapêuticas ou holísticas.

### As Sete Linhas de Umbanda
### A Religião dos Mistérios

*As Sete Linhas de Umbanda* permite ao leitor conhecer as minúcias dos mistérios dos sagrados Orixás. Por meio das revelações dos Mestres da Luz, Rubens Saraceni traz em uma linguagem clara e objetiva uma abordagem inovadora a respeito das linhas que atuam no Ritual de Umbanda Sagrada.

### Doutrina e Teologia de Umbanda Sagrada
### A Religião dos Mistérios — Um Hino de Amor à Vida

Essa obra desempenha a função de um manual que traz um verdadeiro curso para os umbandistas e simpatizantes da Umbanda. Tem por objetivo despertar os umbandistas para que desenvolvam uma consciência religiosa verdadeiramente de Umbanda e totalmente calcada em conceitos próprios.

# MADRAS® Editora

Para mais informações sobre a Madras Editora,
sua história no mercado editorial
e seu catálogo de títulos publicados:

Entre e cadastre-se no site:

**www.madras.com.br**

Para mensagens, parcerias, sugestões e dúvidas, mande-nos um e-mail:

**marketing@madras.com.br**

### SAIBA MAIS

Saiba mais sobre nossos lançamentos,
autores e eventos seguindo-nos no facebook e twitter:

**@madrased**

**/madraseditora**